Scoprire i Giochi Gratuiti Online

Disponibile Qui:

BestActivityBooks.com/FREEGAMES

5 CONSIGLI PER INIZIARE

1) COME RISOLVERE LE PAROLE INTRECCIATTE

I puzzle hanno un formato classico:

- Le parole sono nascoste senza spazi o trattini,...
- Orientamento: Le parole possono essere scritte in avanti, indietro, verso l'alto, verso il basso o in diagonale (possono essere invertite).
- Le parole possono sovrapporsi o intersecarsi.

2) APPRENDIMENTO ATTIVO

Accanto ad ogni parola c'è uno spazio per scrivere la traduzione. Per incoraggiare l'apprendimento attivo, un **DIZIONARIO** alla fine di questa edizione vi permetterà di controllare e ampliare le vostre conoscenze. Cerca e scrivi le traduzioni, trovale nel puzzle e aggiungile al tuo vocabolario!

3) SEGNARE LE PAROLE

Puoi inventare il tuo sistema di segni. Forse ne usi già uno? Per esempio, puoi segnare le parole difficili da trovare con una croce, le parole preferite con una stella, le parole nuove con un triangolo, le parole rare con un diamante, e così via.

4) STRUTTURARE L'APPRENDIMENTO

Questa edizione offre un **TACCUINO** alla fine del libro. In vacanza, in viaggio o a casa, puoi organizzare facilmente le tue nuove conoscenze senza bisogno di un secondo quaderno!

5) AVETE FINITO TUTTE LE GRIGLIE?

Nelle ultime pagine di questo libro, nella sezione della **SFIDA FINALE**, troverete un gioco gratuito!

Facile e veloce! Dai un'occhiata alla nostra collezione di libri di attività per il tuo prossimo momento di divertimento e **apprendimento,** a portata di clic!

Trova la tua prossima sfida su:

BestActivityBooks.com/MioProssimoLibro

Ai vostri posti, pronti...Via!

Sapevi che ci sono circa 7.000 lingue diverse nel mondo? Le parole sono preziose.

Amiamo le lingue e abbiamo lavorato duramente per creare libri di altissima qualità. I nostri ingredienti?

Una selezione di argomenti adatti all'apprendimento, tre buone porzioni di intrattenimento, una cucchiaiata di parole difficili e una spolverata di parole rare. Li serviamo con amore e entusiasmo in modo che tu possa risolvere i migliori giochi di parole e divertirti imparando!

La vostra opinione è essenziale. Puoi partecipare attivamente al successo di questo libro lasciandoci un commento. Ci piacerebbe sapere cosa ti è piaciuto di più di questa edizione.

Ecco un link veloce alla pagina dell'ordine:

BestBooksActivity.com/Recensione50

Grazie per il vostro aiuto e buon divertimento!

Tutta la squadra

1 - Scacchi

ا	ا	م	إ	م	ج	ط	إ	ظ	ب	ذ	ف	إ	ا
ل	ر	ن	ض	ي	ب	أ	ز	ؤ	إ	ة	س	ل	ي
ن	ع	ا	ر	ف	ط	س	ظ	ظ	ذ	ت	ت	ف	ق
ق	ت	ف	ض	ف	ل	و	ض	ك	ر	ح	ط	غ	ا
ا	ل	س	ا	و	خ	د	ي	ا	د	ع	ا	و	ق
ط	ع	ة	ك	ل	م	ي	ت	ي	ي	ك	ل	ك	ط
ض	ب	ص	ج	ر	ب	ي	ا	ن	ع	ة	و	ب	ر
ف	ه	ض	ؤ	ق	ج	ت	ل	ش	ذ	آ	ق	ج	ي
ذ	ر	ص	م	ي	ث	ض	خ	ي	ك	ي	ت	ظ	آ
ك	ل	م	ة	ع	إ	ح	ص	م	ل	ع	ت	ي	ل
أ	خ	ش	ز	ر	ع	ي	م	ة	ق	ب	ا	س	م
ر	ث	ة	ض	ى	غ	ة	ض	ل	و	ب	ع	ا	ل
ث	س	إ	ل	و	ه	ج	م	ل	ل	ي	ن	ب	م
ة	م	ب	ل	ؤ	ق	و	ن	ة	ب	ذ	ؤ	ح	ئ

الخصم
أبيض
بطل
منافسة
قطري
لاعب
لعبه
ذكي
أسود
مبني للمجهول

ليتعلم
النقاط
ملك
ملكة
قواعد
تضحية
التحديات
إستراتيجية
الوقت
مسابقة

2 - Aggettivi #2

آ	ظ	ح	س	ك	ظ	ق	ج	آ	خ	ك	ح	ص	ن
ئ	م	ح	إ	إ	م	س	ؤ	و	ل	ع	ي	ح	ف
ج	ظ	ث	ر	م	ش	و	ق	ع	ا	د	ي	ي	ف
ا	ا	ع	ص	ك	ه	ط	إ	ت	ق	ض	ظ	ق	خ
ف	ض	ئ	ك	ش	و	ن	أ	ي	أ	ن	م	ا	و
آ	ا	ج	ع	ج	ر	ظ	ن	ى	و	ص	ف	ي	ر
س	ة	إ	ق	و	ي	ظ	ي	ؤ	س	ى	ل	و	ة
خ	ط	ك	ن	ن	ق	ي	ق	ذ	ش	ى	ؤ	ي	د
ب	ط	ة	آ	ت	ت	ي	ي	ح	ئ	ط	إ	ح	ط
ل	د	ر	ا	م	ا	ت	ي	ك	ي	ب	ؤ	ت	و
و	د	ن	د	ا	ل	ج	د	ي	د	ي	ش	ل	ر
ظ	ئ	ز	ر	ل	إ	د	ي	ق	آ	ع	ز	ف	د
س	ب	ط	آ	ح	ل	و	ث	ف	ص	ي	ع	ا	ب
و	ك	ف	ح	ى	ظ	ت	ب	آ	ل	ص	ف	ج	ئ

جائع
جاف
أصلي
خلاق
وصفي
حلو
دراماتيكي
أنيق
مشهور
قوي

مشوق
طبيعي
عادي
الجديد
فخور
إنتاجي
نقي
مسؤول
مالح
صحي

3 - Pesca

و	ي	ف	إ	ق	خ	ت	ة	ق	ث	ئ	ف	ا	ص
ن	ك	ع	ق	ق	ج	ع	ب	ج	ن	ن	ف	ض	ا
ل	ك	د	ا	ئ	آ	ض	ى	ؤ	ك	ى	ة	ة	ل
ع	ث	ت	آ	ذ	ح	م	ج	ئ	ج	ة	ح	م	م
ع	ب	ح	ي	ر	ة	آ	ا	س	ف	إ	ط	ل	و
ش	ا	ط	ئ	م	ع	د	ا	ت	ث	ق	ط	خ	س
إ	ز	ع	ا	ن	ف	ذ	ن	ل	و	ا	ي	ي	م
د	م	م	خ	ط	ا	ف	م	ى	ز	ر	ع	ا	ا
ؤ	ؤ	خ	ج	ص	ذ	م	غ	ب	ن	ب	ش	ش	ء
ت	ع	ث	ض	ج	م	ح	ي	ط	ا	ه	س	ي	ف
س	ق	إ	ظ	ل	م	ا	ك	ل	ئ	ل	ر	م	ك
ل	ل	ئ	ص	ب	ر	ي	ي	ذ	ن	ش	غ	م	ك
ك	ج	ة	ش	ع	ص	ق	م	ة	ج	ا	ز	ة	ش
خ	ز	ف	ا	ش	س	إ	ز	ع	إ	ئ	س	ف	س

خطاف
بحيرة
فك
محيط
صبر
وزن
زعانف
شاطئ
الموسم

ماء
معدات
قارب
خياشيم
سلة
مبالغة
طعم
سلك
نهر

4 - Aggettivi #1

ك	ش	ض	ك	س	ظ	ل	ي	ئ	ب	ب	ك	ش	ص
ع	ا	خ	ا	ة	ن	ة	ف	ئ	ي	ظ	ص	د	خ
ش	ب	م	ؤ	ق	م	ط	م	و	ح	ص	غ	ي	ص
ي	م	ط	ل	ك	ث	ه	م	ش	ف	ش	ئ	و	ز
م	ت	ط	ا	ب	ق	ة	م	ت	ع	ذ	غ	ف	آ
ط	ب	س	ى	ئ	ي	ع	ز	ك	ط	و	ي	ل	ض
ل	ط	ئ	غ	ج	ل	خ	ا	ح	ر	ق	ض	ك	ؤ
ق	ي	ف	ظ	ق	ا	ض	ف	ن	ي	ي	م	ص	ك
ق	ء	ر	ق	ي	ق	ى	ح	ز	ن	م	م	ك	ة
ف	ذ	ض	ط	ل	ص	ج	ط	إ	ب	ة	ح	ص	ك
ق	ر	ت	غ	غ	ص	ك	آ	ح	ص	ا	د	ق	ح
ئ	ب	ص	ج	ر	ك	ب	ي	ر	ش	ص	ي	ل	ب
إ	ة	ئ	خ	ي	ط	ض	ل	د	ذ	م	ث	ح	ب
ن	ش	ط	ؤ	ب	د	س	ق	غ	ش	خ	ز	ف	إ

طموح
عطري
فني
مطلق
نشط
ضخم
غريب
كريم
شاب
كبير

متطابقة
مهم
بطيء
طويل
حديث
صادق
كامل
ثقيل
ذو قيمة
رقيق

5 - Geologia

س	ق	ب	و	ف	ز	ط	ب	ق	ة	ع	ي	ك	د
س	خ	ا	ن	ح	ص	ز	ح	ل	ة	ح	إ	ظ	ك
ض	ق	ظ	ئ	ث	غ	م	ف	ط	و	ج	ذ	ئ	م
ب	ذ	ا	ل	ك	ل	س	ي	و	م	ر	و	ع	ئ
ز	و	ق	ر	ح	ف	ر	ي	ة	ى	ق	ا	و	ز
ؤ	ق	ا	ة	ة	م	م	ك	ه	ف	م	إ	ت	ج
ج	ر	ط	ب	ؤ	ب	ض	ا	ل	م	ر	ج	ا	ن
م	ن	ط	ق	ة	ت	ظ	و	ا	ب	ر	ك	ا	ن
ج	ح	ر	ي	د	آ	ث	آ	ل	إ	غ	ذ	ج	ن
غ	ي	آ	س	ظ	ك	ب	ا	ح	ح	ذ	ش	ن	ا
ي	ا	ن	ض	د	ل	ي	ذ	م	ه	ض	ب	ة	ت
ا	ل	م	ع	ا	د	ن	ح	م	ل	ح	ن	ج	ة
ا	ل	ص	و	ا	ع	د	ش	د	ذ	ى	ص	ت	آ
ز	ل	ز	ا	ل	ص	ك	ظ	ن	س	ص	ة	ج	ي

الحمم
المعادن
حجر
مرو
ملح
الصواعد
طبقة
زلزال
بركان
منطقة

حمض
هضبة
الكلسيوم
كهف
قارة
المرجان
بلورات
تآكل
حفرية
سخان

6 - Campeggio

ك	ز	م	ش	إ	ؤ	غ	خ	ئ	ح	خ	ض	آ	ل
ؤ	ن	غ	د	ع	غ	ز	ر	ي	غ	آ	ؤ	ض	ف
ل	ج	ا	ي	ا	ل	ح	ي	و	ا	ن	ا	ت	ع
ح	إ	م	س	ل	ؤ	ص	ط	ت	ن	ك	ا	ض	ح
م	ظ	ر	ا	ز	ث	ا	ة	ج	إ	إ	ي	ث	ب
س	ر	ة	غ	و	ط	ل	ر	ذ	غ	ا	ب	ة	و
ؤ	ث	ح	س	ر	ج	م	أ	ر	ج	و	ح	ة	ص
ق	ئ	ة	ش	ق	ا	ق	م	ر	د	خ	ي	ى	ل
خ	ي	م	ة	ر	ز	ص	ر	ت	ط	ق	ر	ظ	ة
ا	ل	ص	ي	د	ة	و	غ	ج	ى	ب	ة	إ	د
ؤ	ظ	ل	ب	ط	ط	ر	ن	ب	إ	ع	ي	ر	ط
ظ	ج	ض	ز	ك	ج	ة	ا	ل	ن	ة	ب	ع	و
ا	ل	أ	ش	ج	ا	ر	ر	ف	ط	ل	ز	ف	ة
ح	ب	ل	ق	إ	ث	ص	ع	ذ	ف	ت	س	ئ	ة

الأشجار
أرجوحة
الحيوانات
مغامرة
بوصلة
المقصورة
الصيد
الزورق
قبعة
حبل
مرح
غابة
نار
حشرة
بحيرة
قمر
خريطة
جبل
طبيعة
خيمة

7 - Arti Visive

م	ئ	ب	خ	ا	ؤ	د	س	آ	إ	ا	ي	ه	ا
ض	ث	خ	ل	ص	ل	ر	ل	و	ن	ل	ا	ن	ل
ز	م	ن	ظ	و	ر	إ	ط	ت	ج	ن	إ	د	ف
غ	د	ط	آ	إ	ث	ز	ب	ك	و	ح	ع	س	خ
خ	إ	خ	ب	ف	ن	ا	ن	د	خ	ت	ئ	ة	ا
ش	ت	ؤ	ظ	ا	ق	د	ح	ت	ا	ي	ل	م	ر
إ	ط	ي	ن	ز	ش	ت	ى	ك	ر	ع	ص	ع	ت
ا	ل	ل	و	ح	ة	ي	ص	و	ر	ة	ق	م	ط
ف	ح	م	ب	ظ	ز	ف	ر	ي	ط	ى	ل	ا	ع
ش	ط	آ	ح	ح	خ	ي	ة	ن	ت	ت	م	ر	ك
و	ر	ن	ي	ش	ا	ل	ش	م	ع	ح	ي	ي	ت
ظ	آ	إ	ص	م	ئ	م	ز	ب	د	ف	خ	ة	ن
و	غ	ز	ت	م	ص	ش	ل	ل	ف	ة	ظ	ة	ا
ع	ذ	ؤ	ص	ط	خ	ب	خ	ق	ا	ى	ط	ق	س

الإبداع
فيلم
طباشير
قلم
اللوحة
منظور
صورة
النحت
ورنيش

هندسة معمارية
طين
فنان
تحفة
فحم
حامل
الشمع
الفخار
تكوين

8 - Esplorazione

ا	ل	ح	ي	و	ا	ن	ا	ت	ش	ر	ر	ة	آ
ل	ا	ل	م	خ	ا	ط	ر	ا	ل	س	ف	ر	خ
إ	ة	ع	ذ	ز	ا	ث	ف	ش	ك	د	و	ة	ش
ث	س	ب	ز	ش	د	ة	ن	ل	م	ت	ل	غ	ة
ا	غ	ا	ش	م	ن	ح	ذ	ص	ث	ؤ	ش	ج	ت
ر	ي	ب	ر	ي	ش	ز	م	د	ذ	ص	ر	ا	ث
ة	ر	ل	ل	ق	ا	ل	ث	ق	ا	ف	ا	ت	ف
و	م	ي	ا	ك	ط	ف	د	ض	ل	ض	ب	ج	م
ج	ع	ت	ث	ل	ى	ر	ق	ح	ت	ا	ا	ق	ض
ط	ر	ع	ف	ن	ج	ث	ز	ش	ض	ء	ب	إ	ي
ص	و	ل	خ	ف	ش	د	ي	ي	ا	ت	م	ح	ؤ
إ	ف	م	ة	ي	ئ	ش	ي	ي	ر	ط	آ	ج	ن
ئ	ض	ظ	ر	ر	ع	ز	ع	د	ي	ف	ب	ق	ز
ش	ج	ا	ع	ة	د	ج	ع	و	س	خ	ع	إ	ف

الحيوانات
نشاط
شجاعة
الثقافات
عزم
الإثارة
نزف
لغة
الجديد

ليتعلم
المخاطر
غير معروف
اكتشاف
بري
فضاء
التضاريس
السفر

9 - Tempo

ي	س	ن	ة	ا	ج	ز	ش	ل	ح	ظ	ة	أ	ى
و	و	غ	ب	ل	آ	ث	ه	ذ	ب	ز	آ	م	ف
و	ض	م	ع	ع	ج	ق	ر	ن	ن	ذ	ا	س	س
ف	ئ	س	ص	ق	ب	ل	ا	ل	ل	ي	ل	ة	ن
م	خ	ت	ى	د	ئ	ل	خ	ض	ح	ع	ة	ى	و
س	ع	ق	و	ق	ت	ا	ل	ظ	ه	ي	ر	ة	ي
ا	ض	ب	ئ	ي	ر	ع	ت	ج	ث	ع	ا	ن	ح
ع	ط	ل	ث	ق	ة	ي	ص	ل	آ	ج	ض	ز	ر
ة	ى	ؤ	ر	ة	أ	س	ب	و	ع	ق	س	ب	م
س	ة	ئ	ظ	ق	غ	و	ا	ا	ل	ج	آ	ص	و
ر	ب	ص	خ	ر	ة	ظ	ح	ا	خ	ط	ى	ي	ت
د	ل	ع	ت	ق	و	ي	م	ز	ن	ذ	د	ل	ش
ك	د	ل	د	آ	ل	ط	إ	ص	خ	ل	ة	ى	ز
ا	ل	ي	و	م	م	ظ	إ	ؤ	ق	ذ	ك	ص	ص

سنة
سنوي
تقويم
العقد
بعد
مستقبل
يوم
أمس
صباح
شهر

وقت الظهيرة
دقيقة
لحظة
الليل
اليوم
ساعة
قريبا
قبل
قرن
أسبوع

10 - Autunno

ب	إ	ئ	ؤ	ط	ب	ي	ع	ة	ى	ق	ة	ز	م
ا	ل	ك	س	ت	ن	ا	ء	ح	ؤ	خ	ك	آ	ل
ب	ن	و	خ	ح	ى	ف	ئ	خ	ر	ة	د	ن	ا
ط	ض	ظ	ط	ا	و	خ	س	ت	ف	ا	ح	خ	ب
ا	ل	ا	ع	ت	د	ا	ل	م	ئ	ل	ئ	ص	س
م	و	س	م	ي	إ	ق	س	ع	آ	ش	ط	ق	س
و	ث	ك	م	ط	ك	ش	ز	ظ	ذ	ه	آ	ي	و
ب	س	ت	ا	ن	ف	ض	ي	ط	ع	و	ل	ع	ئ
ذ	ي	ظ	م	ة	آ	ا	ل	آ	ط	ر	م	ف	ى
ل	م	غ	ة	ه	غ	ذ	ش	و	ظ	و	ن	ر	ح
س	ش	ة	ن	ل	ر	ج	س	ر	ب	ظ	ا	ى	خ
ي	ة	آ	ن	ب	ك	ج	ب	ت	ؤ	ع	خ	ج	ن
م	خ	ف	ه	ج	ر	ة	ا	ظ	ا	إ	ص	ط	ر
ث	ق	ع	ل	ش	ن	ز	ب	ن	إ	ر	ص	ز	س

بلوط
حرائق
تفاح
الشهور
طقس
هجرة
طبيعة
موسمي

ملابس
الكستناء
مناخ
نفضي
الاعتدال
مهرجان
بستان
صقيع

11 - Astronomia

ة	ن	ض	خ	ا	إ	ج	ك	ظ	ض	ص	ك	م	ك
س	ر	ق	ة	ل	ة	ي	ب	ذ	ا	ج	و	ف	و
ة	ب	ك	و	ك	ل	ي	ض	ر	ز	د	ك	ث	ن
ا	ر	ا	م	و	ج	ج	و	ص	غ	ئ	ب	ب	م
ل	ا	خ	ؤ	ي	ح	خ	ظ	غ	ك	إ	ض	ج	ق
ب	ئ	ث	ب	ك	ف	ي	س	ع	ا	ع	ش	إ	ر
ر	د	ى	إ	ب	ل	ا	د	ت	ع	ا	ل	ا	ا
و	ف	ض	ر	أ	ك	ح	ي	ث	خ	س	ب	ذ	ب
ج	ض	ؤ	ر	م	ي	د	م	و	ؤ	م	ل	ا	ع
ر	ا	ئ	ل	ؤ	إ	ي	ن	ط	م	ا	ت	و	ث
ن	ء	ر	م	ق	خ	د	ص	ر	م	ء	د	ئ	ط
ز	ص	ص	ح	ض	ز	ا	آ	ب	ق	ح	ز	ش	ف
ع	ك	ز	ي	ن	و	ا	ف	و	ن	ر	ب	و	س
ا	م	ش	غ	ط	إ	ق	ي	ا	ب	ي	ز	ث	ج

سديم
مرصد
كوكب
إشعاع
صاروخ
سوبرنوفا
مقراب
أرض
كون
البروج

الكويكب
رائد فضاء
فلكي
سماء
عالم
كوكبة
الاعتدال
جاذبية
قمر
نيزك

12 - Circo

ر	ؤ	ة	خ	ح	ع	ب	ز	ز	ض	م	ا	ص	ظ
ب	ش	ا	خ	ؤ	ؤ	ئ	ه	س	ب	و	ش	ي	ح
ر	ح	ل	ز	ا	ئ	ح	ي	ل	ة	ك	ن	ف	ذ
ا	ل	ح	ي	و	ا	ن	ا	ت	و	ب	ت	م	ف
م	و	س	ي	ق	ى	ط	ث	ب	ة	ا	ش	أ	ر
ق	ي	ذ	إ	ا	ل	م	ش	ا	ه	د	ن	س	خ
ر	ا	ل	ف	ي	ل	ت	إ	ل	ة	ج	ا	د	ي
د	ت	ت	ذ	ك	ر	ة	ي	و	ط	ك	ل	ا	م
ؤ	ر	ض	ج	س	ز	ط	ا	ن	ب	ل	م	ة	ة
ف	ذ	ش	د	ك	آ	ط	س	ا	ح	ر	ح	آ	خ
ذ	ئ	ص	ش	ق	م	ظ	س	ت	م	غ	ت	ؤ	ظ
ض	ض	ط	ؤ	ل	س	ه	ح	غ	ذ	ض	ا	ع	ف
ض	ي	ش	ز	ف	ص	س	ر	ت	ه	ط	ل	د	ط
ئ	ط	خ	ر	ف	ا	آ	ث	ج	ل	ل	ب	ب	ف

ساحر
موسيقى
بالونات
موكب
قرد
مذهل
المشاهد
خيمة
نمر
حيلة

بهلوان
الحيوانات
تذكرة
حلويات
مهرج
زي
الفيل
المحتال
أسد
سحر

13 - Mitologia

م	م	ذ	س	ئ	ر	ة	م	م	ب	ر	ا	ح	م
ت	م	ئ	ح	ب	ق	ع	خ	س	ع	ؤ	ن	ذ	ا
ا	ي	ة	ر	ي	غ	ل	ا	خ	ا	ط	ت	ض	ب
ه	ت	ق	ي	ز	و	إ	ف	م	ى	ج	ق	ز	ل
ة	ع	ر	ك	ق	س	غ	ط	ح	ى	خ	ا	ظ	آ
ن	ع	ظ	ط	ى	ئ	ئ	ج	ئ	إ	ج	م	خ	ة
ذ	إ	ظ	ذ	ط	غ	آ	ك	ؤ	ذ	ر	ؤ	ن	ذ
ل	م	ي	ك	ظ	ض	ة	ر	و	ط	س	أ	ص	ص
ى	ح	ت	ا	د	ق	ت	ع	م	ل	ا	ب	إ	س
د	ع	ر	ر	د	و	ل	خ	و	ت	إ	ك	س	ف
ل	ف	ح	ث	م	ة	ب	ك	ت	ح	ش	ق	ل	خ
ش	إ	ة	ة	ث	ئ	ط	ئ	ة	ه	ل	آ	ل	ا
ط	ف	ج	ح	ج	م	ل	ط	ف	ل	إ	ؤ	ن	إ
ج	آ	ئ	ق	ن	ك	ذ	ن	م	ة	ف	ا	ق	ث

الغيرة
محارب
خلود
متاهة
أسطورة
سحري
مميت
مسخ
رعد
انتقام

سلوك
مخلوق
خلق
المعتقدات
ثقافة
كارثة
الآلهة
بطل
قوة
برق

14 - Piante

آ	ك	ر	ق	ض	ا	ج	ا	غ	ص	آ	ص	د	ظ
خ	ج	ل	و	ت	آ	ط	ل	ا	س	ف	ج	ي	ا
إ	ط	ت	ن	م	و	ف	ن	ب	و	ش	ب	ل	س
ج	ى	د	ك	ت	س	و	ب	ة	س	ج	ق	م	و
ى	و	ذ	ا	ع	س	م	ا	د	ب	ا	م	ب	و
ط	ث	ش	غ	ل	ز	إ	ت	إ	ي	ؤ	ح	ق	م
ح	ح	ل	س	م	ب	ئ	ي	ذ	ت	ت	ص	ج	د
ق	د	ل	و	ا	ع	ت	ة	ؤ	ب	ي	ر	ي	ل
ن	ي	ة	ب	ل	ز	غ	ل	ف	ع	ة	ئ	ع	ب
ل	ق	ا	ش	ن	ب	ت	ص	ة	ش	ة	ل	ر	ل
ع	ة	ك	ي	ب	ط	ط	ظ	ب	ب	ز	خ	ح	ا
ن	آ	ة	ف	ا	ص	و	ل	ي	ا	ه	ا	ك	ب
ش	ج	ر	ة	ت	ك	إ	ف	ج	ذ	ر	ص	ق	ط
أ	و	ر	ا	ق	ا	ل	ش	ج	ر	ة	د	إ	ل

شجرة
بيري
بامبو
علم النبات
صبار
بوش
تنمو
لبلاب
عشب
فاصوليا

سماد
زهرة
النباتية
أوراق الشجر
غابة
حديقة
طحلب
البتلة
جذر
نبت

15 - Spezie

ط	ث	ك	م	و	ن	ف	ا	ن	ي	ل	ا	ع	ك
ث	و	ا	ز	ع	ع	ج	ل	م	ي	ف	ط	ر	ع
إ	م	ر	ل	ب	ق	و	ي	ف	ق	ل	ك	ق	ؤ
ى	م	ي	ص	ص	ر	ز	ا	ش	ل	ف	ر	ا	ك
م	س	ش	ط	ل	ف	ة	ن	ش	ن	ل	ك	ل	ك
ض	ا	ض	ط	ر	ة	ا	س	ل	ى	أ	م	س	ث
ا	ل	ش	م	ر	ة	ل	و	ش	إ	ح	ظ	و	ؤ
ح	ض	م	ل	د	ض	ط	ن	ة	ض	م	ل	س	ث
ب	ض	ز	ن	ج	ب	ي	ل	إ	ت	ر	ل	و	ق
ا	آ	ي	ش	ك	ظ	ب	ز	ع	ف	ر	ا	ن	ى
ل	س	ث	ن	ج	ت	ح	ن	خ	م	ل	ح	ة	ل
ه	ع	ذ	ا	ح	و	ي	ف	ظ	ن	خ	س	ي	خ
ا	غ	إ	آ	ك	غ	ص	ط	إ	ف	ت	إ	ق	ى
ل	ث	ك	ي	ت	ث	د	ز	س	ف	خ	ا	ى	ذ

ثوم
مر
اليانسون
قرفة
حب الهال
بصل
كزبرة
كمون
كركم
كاري

حلو
الشمرة
عرق السوس
جوزة الطيب
فلفل أحمر
فلفل
ملح
فانيلا
زعفران
زنجبيل

16 - Numeri

ر	ج	ر	ع	ذ	أ	ث	إ	ق	ث	ل	ا	ث	ة
ئ	ل	ن	إ	ش	ج	ر	ط	ت	إ	ض	ئ	م	ف
أ	ر	ب	ع	ة	ر	ت	ب	س	ت	ة	ل	ا	ى
ع	ض	ز	ش	ل	ا	و	ة	ع	ش	ر	ي	ن	ع
ؤ	س	ي	ر	ت	ث	ف	ن	ة	ة	ئ	ا	ي	غ
ز	خ	ث	ة	س	ن	ف	د	ث	ض	ع	ف	ة	ا
ك	ع	م	ظ	ع	ا	ش	ر	خ	س	ل	ش	ق	ط
ث	ل	ا	ث	ة	ع	ش	ر	ر	ب	د	خ	ر	س
س	ة	ن	ص	ع	ش	ة	و	س	ع	ا	م	ص	ب
ش	ت	ي	ف	ش	ر	ت	ف	ط	ة	ث	س	ظ	ع
ك	ن	ة	ر	ر	ز	ث	ن	ض	ع	ن	ة	ذ	ة
ع	ف	ع	ع	ص	خ	م	س	ة	ش	ا	ع	ز	ن
إ	ش	ش	ل	ش	ح	ف	ز	ق	ر	ن	ش	س	ط
ط	ظ	ر	ز	د	ر	ش	ة	و	ض	ق	ر	ج	ب

خمسة
عشري
تسعة عشر
سبعة عشر
ثمانية عشر
عشرة
اثنا عشر
اثنان
تسعة
ثمانية

أربعة عشر
أربعة
خمسة عشر
ستة عشر
ستة
سبعة
ثلاثة
ثلاثة عشر
عشرون
صفر

17 - Cioccolato

ظ	ى	ا	ط	ف	ا	ا	ل	ك	ا	ك	ا	و	إ
ة	م	ض	ا	د	ل	ل	أ	ك	س	د	ة	ر	ح
م	ر	ف	م	م	ع	م	س	ح	و	ق	ق	ز	ي
ا	ظ	ح	ض	غ	ن	ذ	ز	ج	ج	و	ص	ف	ة
إ	ك	ض	ف	ل	ص	ا	ش	ف	ص	و	ث	خ	ح
غ	ر	ي	ب	ت	ر	ق	ن	ج	ع	ع	د	ق	ل
م	ا	ل	س	ك	ر	ك	م	و	إ	ذ	إ	ة	و
ز	م	ز	ج	ا	ك	خ	ز	ز	ح	ك	ع	غ	ي
ف	ي	ش	ح	ب	ح	ل	و	ا	ئ	ش	ج	ن	ا
ث	ل	ض	ا	د	م	ذ	ح	ل	ل	و	غ	ن	ت
ش	و	ث	ى	ب	ذ	ي	ن	ه	ص	ح	م	ذ	ذ
ظ	ش	ا	ل	ب	د	ذ	ئ	ن	س	ي	ر	ث	س
س	ك	ظ	آ	ا	ي	ؤ	س	د	ئ	ظ	د	ف	م
ل	ت	ن	ا	و	ل	ا	ل	ط	ع	ا	م	ف	ي

مر	المذاق
مضاد للأكسدة	العنصر
الحرفي	لتناول الطعام
الكاكاو	جوز الهند
حلويات	مسحوق
كراميل	مفضل
لذيذ	جودة
حلو	وصفة
غريب	السكر

18 - Guida

ط	غ	غ	ض	ط	ز	ل	إ	و	ف	ح	ب	ح	ا
ف	ز	ك	ر	س	إ	ط	ر	ي	ق	ك	آ	ا	ق
آ	ط	ل	م	ي	ب	إ	ق	ط	ئ	و	ف	ف	ل
ة	ى	ح	ج	ث	ا	ل	ن	ق	ل	ب	د	ل	ل
ي	د	ش	ن	خ	ث	د	ف	ر	ا	م	ل	ة	و
ب	غ	ص	ى	ح	ة	خ	ق	ا	خ	س	س	ع	ح
غ	ة	ك	ر	ا	ج	ظ	غ	ر	خ	ر	ي	ط	ة
س	ا	خ	خ	د	ب	ف	ذ	غ	ز	ع	ا	خ	و
و	ل	ز	ص	ث	ح	م	ذ	إ	ظ	ة	ر	ط	ت
ق	م	ئ	ة	إ	ح	ئ	غ	ذ	غ	ت	ة	ع	ث
ذ	ش	ر	ط	ة	ر	ي	غ	ة	ؤ	ى	أ	ظ	ص
ظ	ا	خ	ط	ر	ا	ؤ	ق	ص	ن	ذ	و	م	ر
ق	ة	د	ر	ا	ج	ة	ن	ا	ر	ي	ة	ت	ن
ح	ر	ك	ة	ا	ل	م	ر	و	ر	م	ح	ر	ك

سيارة
حافلة
وقود
فرامل
كراج
غاز
حادث
رخصة
خريطة
دراجة نارية

محرك
المشاة
خطر
شرطة
أمن
طريق
حركة المرور
النقل
نفق
سرعة

19 - Sport

ب	ط	و	ل	ة	خ	س	خ	م	ط	ا	ي	م	ل
ك	ر	ة	ا	ل	س	ل	ة	ل	ف	ر	ي	ق	ا
آ	ت	ق	ن	ئ	ئ	ذ	ص	ع	س	غ	ج	ا	ع
ل	ل	س	ب	ا	ح	ة	ش	ب	ل	ع	ب	ه	ب
ك	إ	ى	ي	غ	ل	ت	ن	س	ج	ى	ج	و	ر
ج	د	ي	س	غ	د	ف	ع	ف	ص	ط	ق	ك	ي
ج	خ	ث	ب	ع	ر	ي	ا	ض	ي	ت	و	ي	ا
س	ب	آ	و	خ	ا	ذ	غ	ئ	ل	و	ط	و	ض
س	س	ق	ل	م	ج	ح	س	س	ز	ق	ط	د	ة
ك	س	إ	ئ	د	ة	ر	د	ل	و	ش	ؤ	ك	ب
ظ	ك	ظ	ح	ظ	ص	ك	ق	م	ئ	ك	ي	ن	د
ر	ث	ا	ن	ك	ش	ة	ذ	ن	د	ظ	إ	ي	ن
ئ	ئ	ا	ة	خ	م	ب	ث	د	ج	ر	د	ن	ي
ز	ث	ب	ذ	آ	ج	و	ل	ف	ة	ك	ب	ؤ	ة

مدرب
حكم
رياضي
بيسبول
كرة السلة
دراجة
بطولة
رياضة بدنية
لاعب

لعبه
جولف
هوكي
حركة
للسباحة
فريق
ملعب
تنس
الفائز

20 - Giocattoli

ض	س	ط	ا	ئ	ر	ة	ب	غ	ج	إ	ض	ك	آ
س	ث	ق	غ	ث	خ	ف	ز	ر	ى	ج	ش	ح	ذ
د	ر	ا	ج	ة	ز	ص	ف	ق	ط	ق	ا	ل	ظ
ن	و	ر	ل	ي	ش	ن	ن	آ	ق	ي	ح	غ	ن
ؤ	ب	ب	م	م	ص	ط	ش	ق	ط	خ	ن	ز	ح
ل	و	ا	ف	ا	ل	ح	ر	ف	ا	ي	ة	و	إ
ع	ت	ل	ض	ج	ص	ن	ح	ن	ر	ا	م	ق	ز
ي	ذ	ا	ل	ط	ب	و	ل	ب	ج	ل	ش	ف	ف
ف	ن	ل	ك	د	م	ي	ة	س	ي	ا	ر	ة	ث
م	ئ	ك	د	ر	أ	ل	ع	ا	ب	ث	ئ	ؤ	ح
ش	ث	ت	ل	ع	ة	ا	ل	د	ه	ا	ن	ا	ت
ر	ن	ب	غ	ة	ك	ج	ا	ج	د	ى	آ	آ	ة
ئ	ئ	م	ي	خ	ت	ذ	ت	ل	س	ض	ظ	د	ئ
ب	ط	ا	ئ	ر	ة	و	ر	ق	ي	ة	إ	ا	ى

طائرة
طائرة ورقية
طين
الحرف
سيارة
دمية
قارب
الطبول
دراجة
شاحنة

ألعاب
خيال
الكتب
كرة
مفضل
لغز
روبوت
شطرنج
قطار
الدهانات

21 - Uccelli

ئ	ا	ا	ن	ش	ى	ع	ت	ج	د	ج	ا	ج	ب
و	ا	ل	إ	و	ز	ص	ة	م	ش	خ	ل	ع	ي
ع	س	ل	ب	د	ل	ف	ة	ت	إ	ل	ب	ت	ض
ش	ش	ق	و	ط	ط	و	ق	ا	ن	ا	ج	ط	ة
ف	ز	ل	ن	ق	ر	ر	د	ى	و	ل	ع	ط	م
ط	ف	ق	ص	آ	و	ي	ن	س	ر	ط	ه	ئ	ر
ق	ب	ط	ث	ش	ش	ا	ق	ا	س	ا	و	ي	ل
ظ	ج	ج	ي	ي	م	غ	ق	و	ش	و	ك	ج	آ
إ	غ	ض	ج	ه	ي	ر	و	ن	خ	و	ة	ط	ث
ا	ف	ت	ك	ج	إ	ي	ك	ع	ح	س	ؤ	د	ا
ى	ى	ظ	ى	ر	ف	ذ	ذ	ا	م	ن	ح	ا	م
إ	ى	ق	ة	ر	ز	ؤ	د	م	ا	ب	ج	ع	ة
ب	ب	غ	ا	ء	ئ	ج	ق	ة	م	غ	ط	ق	إ
ز	ت	ش	ذ	ي	ى	ز	ى	ج	ة	ض	ي	ة	آ

هيرون
بطة
نسر
اللقلق
بجعة
الوقواق
هوك
نحام
نورس
إوز

ببغاء
عصفور
الطاووس
البجع
حمامة
البطريق
دجاج
نعامة
طوقان
بيضة

22 - Giorni e Mesi

ا	ق	خ	ع	أ	غ	س	ط	س	ض	ص	م	ي	أ
ل	ل	ك	ض	خ	ب	ا	ل	ج	م	ع	ة	و	ك
أ	ت	أ	و	ش	ه	ر	ا	ل	س	ب	ت	ل	ت
ح	إ	ت	ر	ث	ل	آ	ي	ذ	ن	ا	ا	ي	و
د	ش	و	ظ	ب	خ	ض	ض	ل	ة	ل	ل	و	ب
أ	ي	ج	ش	م	ع	ض	ا	د	ن	ث	ا	ا	ر
س	ب	ت	م	ب	ر	ا	ع	ث	و	ل	ث	ظ	إ
ب	ئ	ق	ذ	و	ف	ز	ء	س	ف	ا	ن	ص	و
و	ظ	و	ب	ؤ	س	م	ر	ز	م	ث	ي	د	ف
ع	ط	ي	ا	ق	ك	ل	ي	ر	ب	ا	ن	ت	ر
ن	و	م	ي	و	ن	ي	و	ن	ر	ء	ذ	ج	ا
ط	ط	م	ف	ب	ر	ا	ي	ر	ا	إ	ع	ي	ت
ذ	ر	ر	ئ	م	آ	ة	ظ	ع	ن	ي	س	ث	ى
د	ي	س	م	ب	ر	ؤ	د	ئ	س	ر	ر	ص	ق

الاثنين
الثلاثاء
الأربعاء
شهر
نوفمبر
أكتوبر
السبت
سبتمبر
أسبوع
الجمعة

أغسطس
سنة
أبريل
تقويم
ديسمبر
الأحد
فبراير
يناير
يونيو
يوليو

23 - Casa

ج	س	آ	ح	ث	إ	ح	د	ن	ش	إ	د	ظ	ئ
ن	ي	ث	س	ؤ	إ	د	ع	ل	ب	ه	ش	ظ	ص
ز	ا	م	أ	ر	ض	ي	ة	ل	د	ا	ش	ل	ع
ي	ج	ف	ق	ر	خ	ق	ى	ى	م	م	ب	ع	ز
ض	ح	ا	ذ	د	ئ	ة	ق	ث	د	ر	ن	غ	إ
ر	ش	ت	س	ة	ل	ل	ب	ح	ف	ك	و	ي	ظ
م	غ	ي	ر	م	ن	ق	ر	خ	أ	ر	م	ص	ع
ك	ر	ح	ف	ش	م	ك	ن	س	ة	ا	ص	ا	ج
ت	ف	ح	س	آ	ر	ط	خ	ل	خ	ج	ب	س	ب
ب	ة	س	ض	ل	آ	ذ	ب	ت	س	ح	ا	ئ	ط
ة	إ	ج	ك	غ	ة	ا	ا	خ	ق	ب	ح	و	ح
ش	و	ا	ص	ن	ب	و	ر	ظ	ف	و	ح	ا	ر
م	ر	د	ث	ج	و	ض	غ	ج	ن	ح	خ	ز	خ
خ	ب	ة	ش	ا	د	ظ	س	ض	س	ر	س	ج	ق

علبه
مكتبة
غرفة
مدفأة
مفاتيح
مطبخ
دش
نافذة
كراج
حديقة

مصباح
حائط
أرضية
باب
سياج
صنبور
مكنسة
مرآة
سجادة
سقف

24 - Ristorante #1

ق	ص	ص	ن	ى	ث	ف	إ	ح	إ	إ	س	ن	ذ
ه	خ	د	ئ	ا	ق	ث	د	س	غ	خ	ك	ل	إ
و	ع	ا	ء	ة	د	ق	إ	ا	ظ	ب	ي	ت	م
ة	ص	م	ر	إ	ش	ل	ذ	س	ئ	ز	ن	ن	ط
م	ل	ن	ك	و	ك	خ	ة	ي	ئ	ث	ع	ا	ب
ط	ص	د	ص	و	ي	ل	ؤ	ة	و	ك	ظ	و	خ
ر	ة	ي	ت	و	ت	ح	ل	و	ى	ن	ص	ل	ى
د	ذ	ل	ص	ؤ	ط	م	ط	ض	ز	ع	ا	ا	ش
ؤ	س	ي	ح	ر	ع	غ	ر	ب	ح	ز	ن	ل	ئ
ظ	ث	ج	ج	ق	ا	ئ	م	ة	ق	ن	ش	ط	ئ
ؤ	ذ	ق	ز	ى	م	ف	ى	ؤ	ق	ة	ج	ع	ؤ
ح	ا	ر	ع	ي	ئ	ح	ض	م	ك	و	ن	ا	ت
ع	ن	ش	ر	ض	غ	ة	آ	ت	ع	ت	ط	م	إ
م	ي	ئ	آ	ص	د	ج	ا	ج	ش	ن	ط	ض	ع

حساسية
قهوة
نادلة
لحم
صراف
طعام
وعاء
سكين
مطبخ
حلوى

مكونات
لتناول الطعام
قائمة
خبز
طبق
حار
دجاج
حجز
صلصة
منديل

25 - Fantascienza

م	و	ا	س	ت	ن	س	ا	خ	ص	و	ذ	آ	آ
ش	ا	ا	ل	و	ئ	ة	و	ح	ي	ث	د	ط	ي
ب	ق	ل	ن	ك	ا	ى	ب	ه	ك	و	ك	ب	ظ
ي	ع	س	ا	ف	ت	ك	ض	ت	م	ت	ط	ر	ف
ة	ي	ي	ز	ك	ج	ب	ع	ئ	س	ي	ن	م	ا
ك	س	ن	ؤ	ش	ث	ا	ذ	ت	ق	ن	ي	ة	س
ل	غ	ا	م	ض	ش	ل	ر	ا	ئ	ع	ض	إ	ر
د	ت	ر	ص	ب	ن	ع	ي	و	ت	و	ب	ي	ا
ر	إ	ي	خ	ج	ن	ا	ر	غ	ش	ؤ	ص	ج	ح
غ	ب	و	ك	خ	غ	ل	ص	د	إ	ي	ت	ن	ق
و	ه	م	ز	غ	ف	م	س	ت	ق	ب	ل	ي	ة
ن	ط	غ	ك	ئ	إ	ي	ا	ز	ت	ز	ل	ر	ث
ش	د	غ	ح	ل	س	ة	ث	ئ	ك	ج	م	آ	ن
م	م	ا	ل	ر	و	ب	و	ت	ا	ت	د	ى	آ

ذري
سينما
استنساخ
انفجار
متطرف
رائع
نار
مستقبلية
وهم
وهمي

الكتب
غامض
العالمية
وحي
كوكب
واقعي
الروبوتات
السيناريو
تقنية
يوتوبيا

26 - Città

ب	ث	ت	ن	ي	ص	م	ذ	م	م	ش	ص	ة	ف
ة	ج	م	س	ر	ح	ل	ظ	ن	ت	د	ظ	ق	ئ
م	ط	ا	ر	ج	ق	ع	ج	س	ح	ك	ر	ض	ؤ
ش	ى	ر	ق	ا	إ	ب	ا	ق	ف	م	ف	س	ض
ئ	ب	ر	غ	م	ض	ع	ي	ز	ن	خ	ظ	م	ة
ا	و	ص	ص	ع	ق	د	ر	ه	د	ب	ن	ك	خ
خ	ظ	ؤ	ي	ة	ج	ي	س	و	ق	ز	ة	ت	ز
ا	ؤ	غ	ؤ	ؤ	خ	ة	ي	ر	ذ	س	غ	ب	ن
ذ	ع	ض	غ	م	ش	ن	ن	ل	ي	ث	ل	ة	ش
ع	ص	ي	د	ل	ي	ة	م	ا	ص	م	ر	ع	ة
م	ي	م	ط	ع	م	ك	ا	س	و	ق	ع	ت	ظ
ع	غ	ا	س	و	ب	ر	م	ا	ر	ك	ت	ر	ت
س	ب	ح	د	ي	ق	ة	ح	ي	و	ا	ن	ى	ض
ا	ذ	ش	ف	ة	ل	خ	ئ	و	ض	ب	غ	آ	ض

مطار
بنك
مكتبة
سينما
عيادة
صيدلية
منسق زهور
معرض
فندق
سوق

متحف
خزن
مخبز
مطعم
مدرسة
ملعب
سوبر ماركت
مسرح
جامعة
حديقة حيوان

27 - Virtù #1

ل	ث	ح	ع	آ	ص	ى	ن	ط	ج	س	س	خ	إ
آ	ث	م	ا	ح	إ	ة	ؤ	ر	غ	ح	س	ن	ن
ن	ق	ح	ط	س	ر	ت	ض	ص	ة	د	ا	ظ	ض
ط	ة	ص	ف	ح	م	ب	ق	ظ	ع	ك	ح	ي	ق
ح	ف	ب	ي	م	س	ت	ق	ل	م	ق	ر	ف	ض
ز	م	و	ث	و	ق	ب	ه	ا	ل	ت	ق	ض	س
ط	ت	ر	م	ف	ي	د	ذ	ك	ي	ا	ك	و	ظ
ت	و	ص	ن	ؤ	ل	ؤ	ك	ا	ة	ظ	ر	ل	ز
ف	ا	ظ	ح	ن	ف	ث	ح	د	ة	آ	ي	ي	ن
م	ض	ح	ك	ك	ا	ر	ن	ر	ة	ت	م	ت	م
ف	ع	ا	ل	ة	ي	آ	ة	ذ	ر	ئ	ح	ص	ا
ث	ن	ش	ؤ	ض	ؤ	م	إ	ك	ط	ن	س	ث	ى
ل	ا	ي	ش	س	ت	ض	ش	ش	ى	ق	ج	غ	ق
ض	و	ف	د	إ	خ	و	ض	ئ	س	ص	ؤ	ط	ي

ساحر
موثوق بها
عاطفي
فني
حسن
فضولي
حاسم
مضحك
فعالة

كريم
مستقل
ذكي
متواضع
صبور
عملي
نظيف
حكيم
مفيد

28 - Compleanno

ب	ط	ا	ق	ا	ت	ق	ت	م	ر	ح	ي	ف	ب
س	ي	ر	آ	ل	ؤ	خ	ق	ش	ل	ث	ئ	ى	ي
ي	خ	ر	ث	ش	إ	آ	و	ل	ئ	ض	س	ؤ	ك
إ	إ	ح	ك	م	ة	ك	ي	ك	ي	ر	ض	آ	آ
ا	ل	د	ع	و	ا	ت	م	ي	و	خ	ا	ص	ا
م	ك	ئ	ظ	ع	ك	ض	ف	ى	م	ث	ص	ا	ح
ن	و	ي	ي	و	ز	ص	ج	ع	ض	آ	ح	ق	ت
د	ظ	أ	م	ك	ج	ن	ش	ق	ث	ش	ا	ظ	ف
س	ؤ	غ	ي	ح	ظ	ع	ئ	ا	غ	ص	ب	و	ا
ك	ع	ن	ك	آ	و	ط	م	ل	ب	ئ	م	ف	ل
خ	ف	ي	د	ه	ل	ي	ؤ	و	ن	ن	ع	ئ	ح
ن	ش	ة	د	س	د	د	ص	ق	آ	إ	ف	ؤ	ل
ل	ا	س	ذ	ك	ر	ي	ا	ت	ئ	ف	إ	ل	ق
ص	ح	و	ؤ	س	س	ن	ة	ج	م	ك	ع	ج	ن

اصحاب
سنة
تقويم
الشموع
أغنية
بطاقات
احتفال
مرح
سعيد
يوم

شاب
عظيم
الدعوات
ولد
هدية
ذكريات
حكمة
خاص
الوقت
كيك

29 - Fattoria #1

إ	ن	ش	م	ا	ب	آ	ق	ط	ي	ع	ج	ل	ب
ث	ح	س	ي	ا	ج	ذ	ط	ح	ط	ع	س	ل	ق
ن	ل	ع	ع	ئ	ع	ص	و	أ	ح	ل	ب	ة	ر
ص	ة	ى	ج	خ	ن	ز	ي	ر	ص	و	م	ن	ة
ب	ذ	ح	ح	ى	خ	ت	ط	ز	ا	ض	ئ	ش	ف
ح	م	ا	ر	ع	غ	ل	إ	ع	ن	د	غ	ر	ظ
ط	ق	م	غ	ف	ق	ك	ف	و	ض	خ	ث	ذ	ق
ح	ف	ل	ج	ب	ث	خ	ى	إ	ج	ؤ	س	غ	ت
ذ	ظ	ل	ك	ص	م	ى	ز	ض	م	ط	م	د	ك
غ	ك	ا	ب	و	ض	ص	ر	ن	ا	ع	ا	ي	ك
ت	ل	ح	ن	ي	آ	و	ا	س	ء	ق	د	ى	ق
ت	ب	ن	ق	ى	ت	و	ع	و	آ	ت	ج	ص	آ
ض	إ	ل	ظ	ئ	ش	س	ة	م	ك	ط	ا	د	غ
م	د	ة	ة	ع	ف	ح	د	ب	د	ص	ج	ط	ش

ماء
زراعة
نحلة
حمار
حقل
كلب
ماعز
حصان
سماد
تبن

قط
قطيع
خنزير
عسل
بقرة
دجاج
سياج
أرز
بذور
عجل

30 - Paesaggi

ش	ل	ا	ل	ض	ف	د	ج	ن	ب	ر	ك	ا	ن
ف	ط	ع	ث	ج	ض	س	ب	ز	ح	ش	ع	د	ش
ج	ل	م	ص	ل	و	غ	ل	ل	ي	ذ	ض	ر	ب
ح	ق	ة	ا	و	س	ن	ك	و	ر	ر	خ	ر	ه
إ	ث	آ	ش	ا	ط	ئ	ه	ث	ة	خ	ة	إ	ج
ر	ط	ش	ط	ح	ج	ؤ	ف	ر	ب	س	ض	ح	ز
ك	م	آ	ا	ة	ب	د	إ	ب	ي	خ	ت	ل	ي
و	د	ح	ك	ك	ل	ة	ص	ح	ر	ا	ء	ة	ر
و	ا	د	ي	إ	ج	ج	آ	ر	ئ	ن	م	ي	ة
ح	و	ة	و	ط	ل	ذ	س	ش	ت	ن	د	ر	ا
س	آ	ع	ة	م	ي	م	ث	ل	ج	ة	آ	ز	س
ن	ض	و	ن	ن	د	ئ	آ	ئ	د	ف	ص	ي	ك
ن	غ	خ	ف	ض	ة	ز	م	ج	ض	ي	ب	ق	ق
م	س	ت	ن	ق	ع	ز	ط	ث	ل	ع	ح	ط	ظ

شلال
تل
صحراء
نهر
سخان
مثلجة
كهف
جبل جليد
جزيرة
بحيرة

بحر
جبل
واحة
محيط
مستنقع
شبه جزيرة
شاطئ
تندرا
وادي
بركان

31 - Ristorante #2

م	ا	س	ح	إ	ز	س	ظ	ئ	ن	م	ل	ح	ح
ا	ل	ل	ط	س	غ	م	ل	ش	ز	ل	ط	س	ض
ء	ح	ذ	ن	ش	ا	ك	م	ع	ط	ع	ك	ي	ظ
ك	ي	ظ	ي	ا	ح	ء	ق	ث	غ	ق	ى	ش	ح
ر	خ	ة	ت	ذ	د	ئ	إ	ث	ز	ة	ع	ئ	ذ
س	ت	و	ا	ب	ل	ل	ي	إ	ز	ف	ج	إ	ب
ي	غ	ف	ا	ك	ه	ة	ض	ف	ع	س	ل	ط	ة
خ	ض	ر	و	ا	ت	ر	إ	ا	ل	ن	ي	ش	ن
ق	ب	س	ق	ج	ف	ج	ا	س	ر	غ	د	ا	ء
ت	ق	م	ى	ش	و	ك	ة	ى	ر	ذ	ى	ى	إ
ب	ق	ث	خ	ث	غ	ي	د	آ	ب	ز	ك	ث	ئ
ع	ش	ا	ء	ض	ؤ	ك	ث	ى	ي	م	ح	س	و
ك	ي	ص	م	م	ش	ر	و	ب	ض	ك	ص	ا	ب
ق	ع	ل	ل	ش	ت	ق	ى	ذ	ح	ب	ن	ؤ	ذ

ماء
مشروب
النادل
عشاء
ملعقة
لذيذ
شوكة
فاكهة
جليد
سلطة

حساء
سمك
غداء
ملح
كرسي
توابل
كيك
بيض
خضروات

32 - Giardino

ؤ	ل	غ	ن	ي	ف	ا	ب	ض	ق	ة	ل	ا	د
ن	ئ	ت	ت	ى	آ	ل	ف	ظ	أ	ق	ت	ف	ظ
و	ب	ك	ر	ا	ج	أ	خ	ب	ش	ز	ه	ر	ة
ا	ظ	س	ي	ا	ج	ع	م	غ	ع	ش	ب	و	ش
ع	ل	ل	ت	و	آ	ش	ق	ع	ل	ج	ح	ا	ع
ث	ص	ت	أ	ا	و	ا	ع	ت	ا	ر	ز	ق	خ
و	و	ر	ر	ح	ن	ب	د	م	ل	ة	آ	ث	س
ش	ؤ	ب	ج	ا	د	ث	ن	ص	ن	س	س	ب	ق
خ	ر	ة	و	ط	م	ي	ع	ط	ا	ت	ى	آ	ئ
ا	ن	ق	ح	س	ج	ب	ق	ب	ر	ك	ة	ص	خ
ق	ع	ف	ة	ك	ر	ل	و	ة	ت	و	ز	د	ر
ة	آ	ؤ	غ	ك	ف	ط	ث	ل	ك	ر	م	ة	ط
ك	ؤ	خ	ح	خ	ة	خ	ي	ئ	ي	ض	ك	ت	و
ف	ق	ب	و	ك	ل	ش	و	م	ع	ن	د	ي	م

شجرة
أرجوحة
بوش
عشب
الأعشاب
زهرة
بستان
كراج
حديقة
مجرفة

مقعد
رواق
أشعل النار
سياج
بركة
تربة
مصطبة
الترامبولين
خرطوم
كرمة

33 - Frutta

ة	ب	ض	ا	ف	ق	د	ب	ا	ب	ا	ي	ا	ك
ض	ذ	ك	ب	ة	ق	غ	ر	ظ	ئ	ش	ص	ط	م
ة	ص	د	ط	ف	ئ	ب	ت	خ	س	و	ق	ك	ث
ج	ى	ب	ر	ق	و	ق	ق	ي	و	ض	ا	ب	ر
ت	خ	ض	ي	ح	ش	م	ا	م	ن	خ	د	ل	ى
ي	ط	أ	ؤ	ر	إ	ا	ل	ي	م	و	ن	ا	ت
ن	ؤ	ف	ن	ب	ي	ن	ي	ط	م	و	ز	ك	و
ك	ي	و	ي	ا	ذ	ج	ت	ف	ا	ح	ض	ب	ت
ر	ل	ك	ئ	ف	ن	و	ع	ن	ب	ة	ئ	ي	ا
ز	ة	ا	ش	ت	د	ا	ب	ل	غ	ظ	ؤ	ر	ل
د	م	د	م	ث	ب	ص	س	ك	ة	ج	ظ	ي	ع
غ	ق	و	ش	ة	ك	ة	ع	ف	غ	و	ث	ة	ل
ح	و	م	م	ط	ز	ع	ث	إ	ج	ز	ن	ح	ي
ع	ف	ح	ش	غ	ى	ن	غ	م	م	ة	ض	ة	ق

مشمش
أناناس
برتقالي
أفوكادو
بيري
موز
كرز
تين
كيوي
توت العليق

ليمون
مانجو
تفاح
شمام
بلاك بيري
بابايا
كمثرى
خوخ
برقوق
عنب

34 - Fattoria #2

ق	ا	ن	ق	ح	م	ق	ش	د	ة	غ	ق	ك	ا
ص	ئ	ك	ن	ر	ز	ا	ن	ا	ت	س	ب	ه	ل
ئ	ل	ة	ج	ق	ا	ع	ة	ر	ذ	ب	و	ب	ح
ع	ط	ل	ة	ة	ر	ف	ل	د	إ	ت	ج	ظ	ي
خ	م	ا	ع	ط	ع	ا	ة	ج	آ	خ	ي	ض	و
ؤ	ن	إ	ف	ا	إ	ك	ع	ض	ؤ	ر	آ	ذ	ا
ض	ج	ي	ر	ل	ا	ه	خ	ف	ة	و	ق	ل	ن
ل	ر	م	س	ر	ق	ة	ا	ي	ي	ف	ذ	ض	ا
ا	ا	ص	ت	ا	و	ر	ض	خ	ل	ا	ض	ن	ت
غ	ر	ر	ي	ع	ش	ب	إ	ف	ت	ك	ا	س	ظ
ي	ن	و	ظ	ي	ي	ق	ؤ	ئ	ئ	ض	ة	ح	ة
س	ج	ف	ذ	ك	س	ئ	ا	غ	ج	م	ت	ل	ل
ج	س	ن	غ	ز	و	أ	س	ص	ق	ض	ت	ي	ى
ع	ب	م	و	ر	ص	ن	ز	ز	ة	ط	ب	ب	س

حليب
حبوب ذرة
ناضج
أوز
شعير
الراعي
خروف
مرج
جرار
الخضروات

مزارع
بطة
الحيوانات
طعام
حظيرة
فاكهة
بستان
قمح
الري
لهب

35 - Dinosauri

ز	إ	ذ	ر	و	ت	ب	ا	ر	ت	آ	إ	ح	ل
ت	ا	ي	ر	ف	ح	ل	ا	غ	ط	س	ي	و	ق
ر	ع	ل	ث	ج	ز	ث	ل	ز	ح	ج	ل	ي	ب
خ	ث	ث	ا	و	ي	ن	م	ز	ل	ش	ذ	ح	ل
خ	ن	ص	ا	ح	ف	ع	ا	ة	ح	ن	ج	أ	ا
ص	غ	ح	ر	و	ط	ت	م	غ	ب	م	ج	ع	ل
ش	ف	د	ج	إ	س	ؤ	و	م	ب	ت	ح	ة	ت
إ	غ	ق	ض	آ	إ	و	ث	ش	ف	ؤ	ا	ح	ا
ى	إ	ط	م	و	ح	ل	ل	ا	ة	ل	ك	آ	ر
ز	ء	ا	ف	ت	خ	ا	ن	ف	أ	ط	ل	ز	ي
ت	ى	ق	ة	س	ي	ر	ف	ن	ر	ح	ج	ض	خ
ح	ز	آ	ر	ي	ب	ك	و	ق	ض	ي	ش	ح	و
ؤ	و	ؤ	ظ	ت	ج	ا	و	ى	خ	ز	ا	ص	ظ
م	ج	ة	ق	د	ع	ى	ة	ي	م	م	ج	ئ	ز

فريسة
قبل التاريخ
رابتور
الزواحف
اختفاء
الأنواع
بحجم
أرض
وحشي

أجنحة
ذيل
ضخم
تطور
الحفريات
كبير
الماموث
آكلة اللحوم
قوي

36 - Verdure

آ	ئ	ن	ن	ي	ب	ص	ل	س	ل	ط	ة	ا	ذ
ي	ط	ي	ز	ذ	ر	ق	م	و	ف	آ	ط	ل	خ
ق	ف	خ	خ	د	و	ز	د	ش	ت	ر	م	ب	ر
ط	د	ب	ف	آ	ك	ل	ن	و	ى	ح	ا	ط	ش
ي	ض	ا	ط	ؤ	ل	ئ	ج	ج	ن	ش	ط	ا	و
ن	ج	ز	ر	ف	ي	ث	ن	ن	ب	س	م	ط	ف
إ	ج	ل	ك	ع	ج	س	ش	ي	آ	ي	ح	س	ى
خ	ي	ا	ر	ب	ع	ل	غ	ب	م	ك	ل	س	ك
ج	ئ	ء	ف	ا	ل	ك	ر	ا	ث	ت	ف	ت	غ
ط	و	ذ	س	غ	خ	ث	ر	ذ	ش	ق	ت	ق	ئ
م	ئ	م	ئ	غ	ط	و	ف	ن	ط	ش	س	ر	ذ
س	ب	ا	ن	خ	ف	م	ط	ج	ح	ل	ي	ى	ف
ج	ئ	ض	ز	ب	ظ	ج	ر	ا	ن	ع	ف	ع	ص
ت	آ	ى	ذ	ز	ذ	ن	و	ن	ض	ي	ط	خ	ئ

ثوم
بروكلي
خرشوف
جزر
خيار
بصل
فطر
سلطة
باذنجان
البطاطس

بازلاء
طماطم
بقدونس
لفت
فجل
الكراث
كرفس
سبانخ
زنجبيل
يقطين

37 - Scuola #2

ا	أ	ح	ذ	ي	ة	ي	غ	ث	ي	ق	ة	ق	أ
ل	ك	ا	ا	ل	ر	ي	ا	ض	ي	ا	ت	ل	ل
ح	ا	ف	ت	ع	ل	ي	م	ث	ق	م	ظ	م	ع
ا	د	ل	غ	ث	ث	ن	ذ	ف	إ	و	ر	ق	ا
س	ي	ة	س	ق	أ	د	ب	ش	ا	س	ا	ص	ب
و	م	ظ	ت	ر	ر	ا	ح	ظ	ض	ض	إ	ع	ت
ب	ي	ج	ف	ث	ئ	ا	ت	ث	ي	ف	ص	ك	د
ف	د	ى	ب	ح	ي	خ	ء	ق	ق	ر	ص	ز	آ
آ	ئ	ت	ذ	ق	د	ط	ض	ة	و	ؤ	آ	ل	ج
غ	ي	ر	ا	ى	ا	ي	ب	ى	د	ي	آ	ذ	ب
ظ	ك	ن	ل	م	د	ر	س	ظ	ي	د	م	س	ق
و	خ	م	ك	ت	ب	ة	ئ	ك	غ	ى	ع	ل	م
ق	ئ	ي	ت	ب	ئ	ل	ت	ف	ظ	خ	ؤ	خ	ل
ح	ق	ي	ب	ة	ظ	ه	ر	ي	ض	ف	س	ى	ى

أكاديمي
حافلة
مكتبة
تقويم
ورق
الحاسوب
قاموس
تعليم
مقص
ألعاب

قواعد
مدرس
أدب
قراءة
الكتب
الرياضيات
قلم
أحذية
علم
حقيبة ظهر

38 - Gentilezza

م	ر	ص	س	آ	ة	ص	و	أ	ب	ج	ق	ج	م
ض	ح	س	م	ص	ث	ت	ض	ص	ك	ع	ث	ك	و
ي	ن	ص	ج	ل	ط	س	و	ل	ط	ي	ف	آ	ث
ا	و	ب	س	ذ	غ	س	غ	ي	ظ	د	ف	ب	و
ف	ن	و	د	ي	ث	ظ	ؤ	ج	إ	ص	ا	د	ق
س	ى	ر	آ	م	ن	ك	ر	ي	م	ض	ز	م	ب
ئ	ع	غ	ن	ف	ح	ش	ص	ب	ن	ح	غ	و	ه
ط	ق	ي	ص	ي	ى	س	خ	ؤ	ت	ق	ب	ل	ا
ن	ظ	ن	د	د	ف	ب	ذ	خ	ب	م	ف	آ	ئ
م	ح	ت	ر	م	ث	ه	إ	ع	ه	ر	ح	ي	م
ذ	ل	م	ز	ق	ي	ؤ	م	ئ	ح	ص	م	ل	ؤ
ة	م	ت	س	ا	م	ح	د	ص	ص	ث	م	ئ	خ
إ	ط	ث	غ	د	ب	ص	ج	ر	ل	ة	غ	ت	ظ
ؤ	خ	ي	ب	ف	ح	ا	غ	د	ذ	ف	ى	ك	ذ

حنون
موثوق بها
ودي
محب
منتبه
رحيم
فهم
لطيف
سعيد

كريم
أصلي
صادق
مضياف
صبور
تقبلا
محترم
متسامح
مفيد

39 - Barbecue

ج	د	ئ	ئ	س	ط	ع	ا	م	ف	ب	ى	ل	ط
و	ع	ف	أ	غ	د	ا	ء	ل	د	ل	ص	ع	م
ع	و	ا	ل	غ	ا	ز	إ	ح	س	ح	ف	ل	ا
ش	ة	ك	ع	أ	خ	ئ	ق	م	ص	ل	ت	ل	ط
ا	ى	ه	ا	س	ا	ظ	ع	ط	ي	ج	ط	س	م
ء	ط	ة	ب	ر	ى	س	ف	م	ف	ز	ط	ا	ئ
ئ	ش	غ	ع	ة	ث	ع	ص	و	ر	م	ي	ش	ت
ب	ج	ؤ	د	ن	ا	ك	ر	س	ك	ا	ك	ي	ن
ص	خ	ث	آ	ض	و	ش	ى	ي	ظ	ل	آ	ز	ش
ص	ى	س	ي	ل	د	ي	ب	ق	و	غ	ب	ث	و
ج	س	ك	ن	ج	ة	آ	د	ى	ص	ذ	ض	و	ا
ب	ظ	ا	ؤ	ظ	ؤ	ب	ج	ك	ا	ز	ح	آ	ي
ص	ل	ص	ة	ة	ة	م	ا	ب	خ	ع	ا	ظ	ة
إ	ئ	ذ	ع	ى	ز	ر	ج	ت	ش	ف	ر	ف	ح

حار
عشاء
طعام
بصل
سكاكين
صيف
جوع
أسرة
فاكهة
ألعاب

شواية
السلطات
دعوة
موسيقى
فلفل
دجاج
طماطم
غداء
ملح
صلصة

40 - Riempire

س	ك	ق	ث	ض	ل	ز	ش	ز	ئ	ب	و	ض	ج
ح	ل	ر	ب	ر	م	ي	ل	ت	ج	ف	ع	ي	خ
ا	ن	ة	ت	م	غ	ل	ف	ى	ذ	ش	ا	ز	خ
ط	ة	ز	ذ	و	ب	ط	د	ي	ت	ج	ء	آ	ة
ض	ة	ب	إ	ج	ن	ج	ى	ف	ض	م	د	إ	ا
ل	ؤ	ق	ض	ح	ق	ي	ب	ة	س	ف	ر	ك	ا
ث	ر	ف	ر	أ	ن	ب	و	ب	ع	ك	غ	م	ة
ذ	د	ص	ي	ن	ي	ة	ت	د	ق	ي	ك	م	ق
ذ	ز	ه	ر	ي	ة	و	ح	ع	د	س	ا	ز	ذ
ذ	ق	إ	ة	غ	ي	د	ذ	ز	آ	ط	ف	ل	ب
ا	خ	ر	آ	د	ت	ح	م	ث	ح	ز	م	ة	ؤ
ص	ج	ز	ع	ل	ب	ة	و	ز	ج	ا	ج	ة	س
ل	و	ص	ف	و	ش	ن	ع	ض	ة	ة	ل	ت	ئ
ة	آ	ب	ن	ر	م	ص	ق	إ	ا	ل	د	ر	ج

حوض
برميل
كيس
زجاجة
مغلف
مجلد
كرتون
قفص
الدرج
سلة

وعاء
حزمة
علبة
دلو
جيب
أنبوب
حقيبة سفر
زهرية
صينية

41 - Insetti

و	ظ	ا	ل	م	ن	ى	ف	ع	ن	ق	د	ج	ك
ق	ف	ل	ن	ة	ق	ج	ر	ث	ظ	ط	ت	ن	ع
ث	ذ	ي	ح	ث	ا	ع	ا	ة	غ	إ	ك	د	ب
خ	ن	ع	ل	ي	ظ	ى	ش	ذ	ا	ب	ا	ب	ن
ئ	ى	س	ة	ت	ط	ف	ة	ص	ر	ص	و	ر	ل
ب	ي	و	ك	ز	ف	د	آ	ش	ذ	ج	ل	ى	س
ج	ر	ب	ن	س	ص	ا	ل	خ	ن	ف	س	ا	ء
ر	ق	غ	د	آ	آ	ص	ق	م	د	ح	ا	ل	س
ا	ة	ل	و	ن	م	ل	ة	ض	ح	ت	ل	ز	ث
د	ل	ا	د	ث	ف	ر	س	ا	ل	ن	ب	ي	ق
ة	ب	د	ة	أ	ر	ض	ة	ب	غ	غ	ع	ز	ع
ذ	ش	و	ب	خ	ن	ف	س	ا	ء	ص	و	و	ش
و	ت	م	ر	و	د	ع	ى	ز	ش	ا	ض	و	ا
ذ	ك	ئ	ظ	ؤ	ر	ى	ن	إ	ق	ط	ث	م	ج

المن
نحلة
الدبور
جندب
الزيز
الخنفساء
خنفساء
عثة
فراشة
نملة

يرقة
اليعسوب
جرادة
فرس النبي
برغوث
صرصور
أرضة
دودة
دبور
البعوض

42 - Erboristeria

آ	ت	س	ت	و	ا	ب	ل	م	ف	ع	ش	س	أ
إ	ش	ن	ي	ص	ث	ز	ع	ت	ر	ل	ؤ	ئ	خ
ا	ل	ط	ر	خ	و	ن	ب	ح	ش	د	ن	ي	ض
ل	ق	ز	ن	ي	م	ة	ق	د	ف	إ	ق	ف	ر
ش	ؤ	ئ	ظ	إ	ح	ة	د	ي	خ	ئ	ا	و	ب
م	ط	غ	ث	ك	ق	ا	و	ق	ح	و	آ	ؤ	ش
ر	ش	ح	د	ل	و	ض	ن	ة	ص	ع	ط	ع	آ
ة	ج	ت	ب	ي	ث	ل	س	ث	ب	ن	ئ	ف	ة
ع	ش	ب	ت	ل	ز	ل	ظ	ج	ز	ط	ض	ا	ي
ط	ن	ت	ظ	ا	ع	و	غ	ع	و	ص	د	ل	ى
ر	ع	ف	ث	ل	ف	ز	ق	ح	ي	د	ؤ	ط	ش
ي	ن	م	ن	ج	ر	آ	ى	ز	ه	ر	ة	ه	ف
ح	ا	ى	ؤ	ب	ا	ل	ع	ن	ص	ر	ح	ي	ظ
غ	ع	خ	ئ	ل	ن	خ	ز	ا	م	ى	د	ي	ك

ثوم
شبت
عطري
ريحان
الطهي
الطرخون
الشمرة
زهرة
حديقة
العنصر

خزامى
مردقوش
نعناع
توابل
بقدونس
جودة
إكليل الجبل
زعتر
أخضر
زعفران

43 - Danza

ث	ق	ا	ف	ي	ك	و	غ	آ	و	ح	ش	ي	ؤ
ق	ت	ق	ل	ي	د	ي	ف	ي	ض	ل	ر	خ	ة
ا	ا	ل	أ	ك	ا	د	ي	م	ي	ة	ي	ك	ى
ف	ن	ع	م	ل	و	ظ	ؤ	ق	ف	ز	ك	م	ة
ة	آ	و	ى	ا	ج	ر	ب	إ	ى	ئ	و	و	ة
ؤ	ؤ	ز	ؤ	س	ث	ش	ي	ن	ث	ن	ص	س	و
ا	ؤ	آ	ص	ي	ة	ى	إ	غ	ئ	ض	ؤ	ي	ع
ل	و	م	ت	ك	ح	آ	ح	ف	ر	إ	ح	ق	آ
م	ج	م	ج	ي	إ	ي	ق	ا	ع	ا	م	ى	ى
و	ع	ن	ع	م	ة	ع	ا	ط	ف	ة	ف	ن	س
ق	آ	ش	ز	ب	ر	و	ف	ة	م	ت	ؤ	ي	ى
ف	ت	ب	ط	ص	ر	ض	س	غ	ر	ش	ض	ا	ا
ي	ي	ن	ق	ر	و	ة	ص	ف	ح	د	ئ	ط	س
ا	ج	آ	ب	ي	آ	ظ	آ	ص	ذ	ؤ	ك	ق	ض

الأكاديمية
فن
كلاسيكي
شريك
الكوريغرافيا
جثة
ثقافة
ثقافي
عاطفة
معبرة

مرح
نعمة
حركة
موسيقى
الموقف
بروفة
إيقاع
قفز
تقليدي
بصري

44 - Commedia

ت	ا	ج	ك	ر	ا	م	ع	ب	ر	ة	ص	م	م
ص	ل	ط	ا	ب	ل	ر	ا	ص	ح	ذ	ض	ر	ح
ف	ج	ض	ل	ث	م	ح	ل	م	س	ر	ح	ح	ا
ي	م	ح	ن	ز	ه	ئ	ا	ظ	ذ	ظ	ك	غ	ك
ق	ه	ؤ	ك	ط	ر	ف	ر	خ	ث	ذ	ض	م	ا
ى	و	ش	ا	م	ج	آ	ت	ذ	ا	ي	ي	ى	ة
ا	ر	ا	ت	ق	ي	ذ	ج	ف	ض	ى	ش	ؤ	س
ف	ف	ز	ل	ش	ن	ؤ	ا	ة	م	ة	ح	ظ	ا
ذ	ك	ي	ف	ا	ص	ط	ل	ف	ق	ح	ج	ي	خ
ح	ا	ج	ز	م	ل	ا	ل	م	م	ث	ل	ت	ر
ظ	ه	ا	ي	ز	ض	ن	ا	ك	إ	غ	ث	ط	ة
إ	ة	ك	و	م	ل	ح	و	م	م	ث	ل	ة	ط
ش	د	ة	ن	خ	خ	ق	ك	ع	ى	ح	ص	خ	ئ
ط	ج	غ	ئ	ج	ع	إ	خ	ث	خ	ج	ن	خ	ك

تصفيق
الممثل
ممثلة
المهرجين
مضحك
مرح
معبرة
النوع
الارتجال

ذكي
محاكاة ساخرة
الجمهور
ضحك
النكات
مسرح
تلفزيون
فكاهة

45 - Scuola #1

ذ	ا	ل	ر	ي	ا	ض	ي	ا	ت	ا	ض	ا	ك
ح	ق	ل	م	ك	ت	ب	ع	ل	ؤ	ل	إ	ل	ل
ك	ن	ؤ	ك	ى	ع	ن	ن	م	ا	أ	ص	ا	ف
ا	ل	غ	ت	ت	غ	د	ث	ج	و	ر	ق	م	ؤ
ل	ا	ئ	ب	ض	ب	ت	ي	ل	خ	ق	ا	ت	ر
أ	د	ل	ة	إ	ت	ق	ط	د	ف	ا	ل	ح	ن
ج	ق	ض	ت	ص	غ	م	ع	ا	ع	م	أ	ا	ت
و	ش	ل	ظ	ك	ا	د	ل	ت	ك	ى	ب	ن	ؤ
ب	ق	غ	ا	خ	ئ	ر	ا	ل	غ	ز	ج	ا	ف
ة	ن	ئ	ف	م	ؤ	س	م	ء	آ	ؤ	د	ت	ت
ا	ص	ح	ا	ب	ر	ة	ا	ح	و	ة	ي	ض	ب
ى	ف	ك	ر	س	ي	خ	ت	ز	ص	ك	ة	م	إ
غ	ئ	خ	م	ذ	ب	م	ر	ى	م	ر	ح	ذ	خ
خ	ث	ر	ح	ى	ي	إ	ل	ل	ي	س	ج	ز	ظ

الأبجدية
اصحاب
صف
مكتبة
ورق
المجلدات
مرح
الامتحانات
مدرس
الكتب

علامات
الرياضيات
قلم
الأرقام
أقلام
غداء
لغز
الأجوبة
مكتب
كرسي

46 - Fiori

م	ن	ج	آ	آ	ا	ف	ب	ت	ز	ؤ	ع	ج	ا
ا	ج	ح	آ	ت	و	ل	ي	ب	ن	ف	ب	ا	ل
غ	ث	خ	ز	ا	م	ى	ب	ذ	ب	ي	ا	ر	س
ن	ا	ذ	ه	ي	ل	ع	ح	ت	ق	ز	د	د	ح
و	ل	أ	ر	ج	و	ا	ن	ي	ل	ظ	ا	ي	ل
ل	ف	ج	ة	ب	ئ	ذ	ض	ع	إ	ة	ل	ن	ب
ي	ا	ب	ا	ق	ة	أ	ز	ه	ا	ر	ش	ي	ؤ
ا	و	ل	ل	ل	ص	ئ	ب	ل	ش	ص	م	ا	س
د	ا	و	ع	ج	ك	و	م	غ	ي	ن	س	ر	ن
ي	ن	م	ا	ل	ن	ر	ج	س	ا	ل	ب	ر	ي
ز	ي	ي	ط	ظ	ف	د	ك	ذ	س	ة	ث	د	ى
ي	ا	ر	ف	ض	ل	ة	ئ	د	م	ع	ئ	ث	ي
ت	ن	ي	ة	ر	ي	س	ج	ع	ي	ض	ظ	إ	ي
غ	ك	ا	ل	خ	ش	خ	ا	ش	ن	ه	ئ	ئ	ز

جاردينيا
ياسمين
زنبق
عباد الشمس
الكركديه
خزامى
أرجواني
ماغنوليا
ديزي
باقة أزهار

النرجس البري
السحلب
الخشخاش
زهرة العاطفة
الفاوانيا
البتلة
بلوميريا
وردة
نفل
توليب

47 - Ecologia

ة	ص	د	ط	ط	ح	ك	ب	ا	ل	م	و	ئ	ل
ن	ج	ا	ة	ب	ن	ن	ب	ا	ت	ا	ت	خ	ر
ل	ب	ط	م	ح	ي	و	ط	ة	ئ	ؤ	ئ	ح	م
م	س	ت	د	ا	م	ع	ع	ا	ل	م	ي	ح	ث
غ	ت	آ	ة	ه	و	ر	ة	ن	ؤ	ؤ	ذ	ط	ئ
ع	غ	ر	إ	و	ا	ل	ح	ي	و	ا	ن	ا	ت
ب	ف	ذ	و	ا	ل	م	و	ا	ر	د	ظ	ا	ت
ا	ض	ئ	إ	ر	د	خ	ل	ل	ش	ض	د	ل	ن
ا	ل	م	ت	ط	و	ع	و	ن	ى	ف	ذ	ب	و
م	ج	ت	م	ع	ا	ت	ط	ب	ي	ع	ي	ح	ع
ذ	ف	ح	ت	ج	ض	ي	ت	ا	ب	م	ك	ر	ح
ط	ا	ل	أ	ن	و	ا	ع	ت	ب	ن	ك	ي	آ
ح	ف	ظ	ت	ش	د	ج	آ	ي	ة	ا	ف	ة	م
ج	ي	م	ج	ئ	آ	ل	ط	ة	د	خ	ؤ	إ	ش

اهوار
نباتات
الموارد
جفاف
نجاة
مستدام
الأنواع
نوع
نبت
المتطوعون

مناخ
مجتمعات
تنوع
الحيوانات
النباتية
عالمي
الموئل
البحرية
طبيعة
طبيعي

48 - Discipline Scientifiche

ع	ل	م	ا	ل	ن	ف	س	ك	ج	ت	ع	آ	ج
ل	ل	س	ا	ن	ي	ا	ت	ئ	ي	ى	ع	ص	ز
م	و	م	ع	ش	ع	ص	ش	ط	و	م	ب	م	ة
ا	د	ث	ا	ئ	ة	ض	ر	ض	ل	ع	ي	ل	إ
ل	ث	ل	ث	ل	ت	م	ي	س	و	ل	و	ا	ة
م	م	ح	ض	ت	م	غ	ح	إ	ج	م	ل	ع	ء
ن	ث	ث	ي	ح	ف	ع	ذ	و	ي	ا	و	ل	ق
ا	ض	غ	ج	ص	خ	ت	ا	ي	ا	ل	ج	م	ص
ع	ل	م	ا	ل	ف	ل	ك	د	ة	آ	ي	ا	ز
ة	م	ي	ك	ا	ن	ي	ك	ا	ن	ث	ا	ل	خ
ع	ل	م	ا	ل	ح	ر	ك	ة	د	ا	ة	ن	ق
ف	ي	ز	ي	و	ل	و	ج	ي	ا	ر	ف	ب	ج
و	ذ	ظ	ع	ل	م	ا	ل	ا	ج	ت	م	ا	ع
ع	ل	م	ا	ل	أ	ع	ص	ا	ب	غ	ج	ت	ي

تشريح
علم الأثار
علم الفلك
بيولوجيا
علم النبات
كيمياء
فيزيولوجيا
جيولوجيا
علم المناعة
علم الحركة
لسانيات
ميكانيكا
علم المعادن
علم الأعصاب
تغذية
علم النفس
علم الاجتماع

49 - Scienza

ح	س	ئ	غ	ة	ر	ز	ج	ع	غ	ع	ا	ل	م
و	ب	ئ	و	ذ	ق	ت	ط	و	ر	ك	ل	ج	ن
ا	ل	م	ع	ا	د	ن	ج	غ	ص	ت	م	م	ى
ا	ل	ف	ي	ز	ي	ا	ء	ر	ظ	ع	ر	خ	ن
ح	ف	ر	ي	ة	آ	ل	ك	ج	ب	ض	ا	ت	ا
ط	ر	ي	ق	ة	ة	ج	ج	آ	آ	ة	ق	ب	ل
ن	ب	ا	ت	ا	ت	س	ز	ث	خ	ر	ب	ر	ب
ج	ط	ب	ي	ع	ة	ي	ي	ع	آ	ك	ة	ك	ي
ب	ا	ى	ص	ف	آ	م	ئ	و	و	ص	د	آ	ا
ن	ر	ذ	ذ	ر	ة	ا	ا	س	ح	ذ	ل	م	ن
ك	ث	ت	ب	ض	ة	ت	ت	ص	ئ	ى	ج	ا	ا
غ	ة	ح	ق	ي	ق	ة	ظ	م	ن	ا	خ	س	ت
ر	ض	ب	ي	ة	ة	س	ط	د	ج	ش	م	ظ	ع
د	ب	غ	د	ط	ة	ي	ك	آ	ض	ج	ث	إ	ط

ذرة
مناخ
البيانات
تجربة
تطور
حقيقة
الفيزياء
حفرية
جاذبية
فرضية

مختبر
طريقة
المعادن
جزيئات
طبيعة
المراقبة
الجسيمات
نباتات
عالم

50 - Acqua

ن	ف	ي	ض	ا	ن	ح	م	ع	ص	ف	ت	ا	إ
إ	ه	أ	م	و	ا	ج	ث	ح	ق	و	ب	ث	ق
ع	ز	ر	ز	آ	ث	ل	ج	ل	ي	د	خ	ب	ت
ص	ش	ط	ذ	ؤ	ي	ة	ئ	ج	ع	ط	ر	د	ش
ا	ت	ب	خ	ا	ر	إ	ط	غ	ر	ع	ر	ش	ز
ر	م	د	ض	ة	إ	م	ب	م	ا	ظ	ق	ى	ل
ط	م	ط	ر	آ	س	ض	ك	س	د	ل	م	و	ش
و	ط	ل	ي	ة	ي	ر	ع	ز	ف	ؤ	خ	ش	ذ
ب	ا	ى	ي	ؤ	ي	ب	ط	ج	ح	ئ	ث	آ	ة
ة	ح	ث	ض	ش	ظ	ئ	ش	ب	ق	ذ	ل	ج	ب
ر	ث	ي	ك	و	ط	ي	خ	إ	ج	ذ	ع	ف	و
ط	ة	ك	ر	ل	ئ	ع	ر	غ	ب	ع	غ	م	ق
ش	ق	ن	ا	ة	ط	د	ر	ف	و	س	خ	ا	ن
ا	ل	ر	ي	س	م	ث	ئ	ب	ا	م	ع	و	ش

فيضان
قناة
دش
تبخر
نهر
صقيع
سخان
جليد
الري

بحيرة
ثلج
محيط
أمواج
مطر
رطوبة
رطب
إعصار
بخار

51 - Gatti

ش	م	ة	ك	ر	ل	خ	ة	ص	ي	إ	ا	م	ت
ح	خ	ج	و	ل	ل	د	ف	ض	و	ل	ي	خ	ع
ظ	ل	ص	ي	ا	د	ج	س	آ	ؤ	ع	م	ش	ص
ح	ب	م	ي	آ	ز	ض	ة	ط	س	و	س	ب	ض
ف	ر	و	ج	ة	ن	ص	ص	آ	ل	ب	ت	ض	آ
ذ	ي	ل	خ	ن	ع	ظ	ث	و	ذ	س	ق	د	ر
م	ق	ظ	س	د	و	ى	ظ	ب	ؤ	ر	ل	د	إ
ض	ى	ح	ي	ح	ع	ن	ف	ب	ؤ	ع	ب	و	ز
ح	ح	ن	ظ	ن	م	ز	أ	ش	ذ	ة	ح	ر	إ
ك	م	و	ؤ	ع	غ	س	ر	ظ	د	ئ	ة	ن	ب
ى	ص	ن	ة	ى	ش	ز	ل	و	ة	ب	ى	ا	ز
ن	س	ت	س	ق	ل	ي	ل	ا	ر	ن	غ	ز	ق
م	ع	ي	ظ	م	ت	ص	ج	ص	ا	و	ث	ي	ع
ش	ف	ظ	ز	ن	خ	إ	ر	خ	ئ	م	ق	ث	ى

حنون
صياد
ذيل
فضولي
مضحك
نوم
غزل
لعوب
مستقل

مجنون
فرو
شخصية
قليلا
بري
خجول
فأر
بسرعة
مخلب

52 - Surf

م	س	ق	ر	و	ظ	ص	إ	ر	آ	ئ	ك	م	ط
ة	ن	س	م	ب	ت	د	ئ	ظ	ذ	ة	ف	ج	ق
ا	م	ر	ح	ت	ل	ل	س	ب	ا	ح	ة	د	س
ى	ل	ش	ي	و	ط	ا	ل	م	ع	د	ة	ا	م
ي	غ	ح	ط	خ	ك	ر	غ	و	ة	ش	ن	ف	و
ش	ض	ض	ش	ق	و	ي	ف	ز	ل	ح	خ	ش	ج
ش	ا	ط	ئ	و	ح	ا	ز	ة	ظ	س	ر	ع	ة
ح	ط	ث	ف	ة	د	ض	ب	د	ظ	ص	ت	ي	ن
ق	س	ص	ك	ن	ؤ	ي	م	ث	ب	ض	ق	ش	س
ف	س	ي	ب	ز	ث	ص	ك	س	ن	ر	و	ك	ر
ر	ب	ا	ت	ط	ب	ظ	غ	ث	م	ئ	ض	ث	خ
م	ت	ن	م	ط	ل	ص	ن	ش	آ	ش	ح	ى	ط
ز	و	ب	غ	غ	ك	ر	ط	ؤ	ى	و	ص	ة	ئ
ش	ع	ب	ي	د	ف	س	ر	غ	ا	ئ	ل	ق	و

مجداف
شعبي
مبتدئ
رغوة
شاطئ
رش
نمط
المعدة
سرعة

رياضي
بطل
مرح
متطرف
الحشود
قوة
طقس
للسباحة
محيط
موجة

53 - Imbarcazioni

د	ا	ح	ح	ب	ح	ر	ت	ن	ب	ة	ز	ذ	و
م	ذ	ل	ؤ	ب	ح	ر	ي	ه	ح	ح	ذ	ع	خ
ع	و	ا	م	ة	ل	ي	م	ر	ا	ع	ب	ع	ف
و	ظ	ل	ح	ا	ق	خ	ر	ط	ر	ط	و	ف	آ
إ	ا	ع	ي	ل	ئ	ت	ك	ة	و	ش	ا	ب	ز
ج	س	ب	ط	م	س	ة	ب	آ	ن	خ	ل	ص	غ
ن	ش	ا	ز	د	ط	خ	ش	ا	ت	ة	ز	ث	ص
ب	ل	ر	ن	آ	ا	ى	ر	ب	و	م	و	ي	غ
ي	ش	ة	ن	خ	ق	س	ا	ر	ي	ة	ر	خ	ش
م	ح	ر	ك	ط	م	ض	ع	أ	ز	إ	ق	ي	ع
ر	ص	ت	ة	ا	ة	ث	ي	م	ت	إ	ظ	ذ	ص
س	ظ	ي	د	ف	ي	ز	ئ	و	س	إ	ى	ج	ث
ا	د	م	ة	ن	ظ	ا	ط	ا	ت	آ	ف	ر	إ
ة	م	ش	ظ	ض	ح	ح	ك	ج	ئ	س	ل	ف	إ

سارية
مرساة
مركب شراعي
عوامة
الزورق
حبل
طاقم
نهر
كاياك
بحيرة

بحر
المد
بحار
محرك
بحري
محيط
أمواج
العبارة
يخت
طوف

54 - Api

ا	ح	إ	س	س	م	ش	ج	ح	غ	ق	ت	ت	ف
ل	ح	ر	ق	ط	م	ة	ي	ل	خ	ز	ت	ذ	ا
ز	ب	ة	ذ	ع	ل	ي	ش	ق	إ	ف	ص	ف	ك
ه	ي	ت	ئ	ا	ك	ع	ي	ا	ل	ز	و	ى	ه
و	ئ	خ	ش	م	ة	ا	ة	ح	ج	ح	ؤ	ط	ة
ر	ح	ق	ف	ح	ث	ع	ن	ص	ذ	ة	ي	ض	ع
خ	س	ي	ت	ئ	ط	س	ب	ة	ر	ش	ح	ل	ي
ت	د	ل	ئ	و	م	ل	ا	ن	ا	خ	د	ت	ح
ر	غ	ة	ا	ع	و	ن	ت	د	ش	ع	ي	ي	خ
ؤ	ض	ح	ص	ل	س	ع	ا	إ	ة	ف	ق	ذ	م
ذ	ن	ة	ح	ن	ج	أ	ت	ؤ	ح	م	ة	ر	ذ
م	ل	ي	ئ	ي	ب	ل	ا	م	ا	ظ	ن	ل	ا
ئ	ا	ى	ج	ق	ة	ؤ	ر	ه	ز	ظ	ع	د	ى
ح	ة	ذ	ف	ي	ض	ش	ص	ط	ش	و	ي	س	آ

دخان
حديقة
الموئل
حشرة
عسل
نباتات
لقاح
ملكة
سرب
شمس

أجنحة
خلية
مفيد
شمع
طعام
تنوع
النظام البيئي
الزهور
زهر
فاكهة

55 - Conservazione

أ	إ	ع	ا	د	ة	ا	ل	ت	د	و	ي	ر	ا
ا	خ	إ	غ	خ	م	ت	ط	و	ع	و	ش	ي	ل
ن	ؤ	ض	ح	ف	س	ت	ب	غ	ط	ف	ف	س	ن
م	ا	ء	ر	ض	ع	ع	ح	ت	م	ط	و	ق	ظ
م	ا	ل	ص	ح	ة	ل	ض	ق	ل	س	م	ا	ا
ط	ب	ي	ع	ي	ب	ي	ا	ل	م	و	ئ	ل	م
آ	ذ	ي	ش	ن	ل	م	ل	ق	ذ	ف	ص	ت	ا
إ	ض	ص	د	ص	ع	ح	ت	ع	ع	ك	ث	غ	ل
س	س	ؤ	و	ا	م	م	ل	ع	ض	ص	ب	ي	ب
ب	ك	ص	ر	ل	ل	س	و	ؤ	و	ح	ع	ي	ي
ى	ص	ث	ة	ب	ب	آ	ث	د	ي	ع	ح	ر	ئ
م	ن	ا	خ	ي	ح	ى	ف	ث	ع	غ	ظ	ا	ي
غ	غ	ذ	ط	ئ	ظ	ش	ؤ	ا	ى	ق	ر	ت	ئ
م	ب	ق	ئ	ة	ز	ض	م	س	ت	د	ا	م	آ

ماء
البيئة
التغييرات
دورة
مناخ
النظام البيئي
تعليم
الموئل
التلوث
طبيعي

عضوي
مبيد الآفات
قلق
إعادة التدوير
خفض
الصحة
مستدام
أخضر
متطوع

56 - Strumenti Musicali

س	م	ح	ق	ر	ع	ن	آ	ق	ج	ط	م	ى	ا
ا	ق	ي	ي	م	ز	ش	ذ	ي	ي	د	ز	ؤ	ل
ك	ق	ل	ث	ن	ة	م	ت	ئ	ت	ف	م	إ	ت
س	ث	م	ا	ؤ	ا	ر	و	ث	ن	ص	ا	ى	ر
ف	ن	ط	ر	ي	ب	ي	خ	ا	خ	غ	ر	ط	و
و	ج	إ	ة	ه	ا	ر	م	و	ن	ي	ك	ا	م
ن	م	ا	ل	م	ز	م	ا	ر	ؤ	ر	ب	د	ب
ى	ن	ا	ق	و	س	ظ	ا	ل	ت	ش	ي	ل	و
ل	د	ل	ج	ذ	ت	ر	ج	ر	د	ا	ا	ة	ن
ظ	و	ش	ب	ع	س	ل	ة	ذ	ي	ر	ن	ي	ف
ا	ل	ب	ا	ن	ج	و	ن	و	ى	م	و	ة	ة
ح	ي	خ	س	س	ن	ك	م	آ	غ	ط	ب	آ	إ
ظ	ن	ب	و	ق	ك	م	ا	ن	د	و	ب	ا	ض
غ	و	ف	ن	ك	ش	ب	ج	ت	س	و	ؤ	ل	ط

هارمونيكا
جنك
البانجو
قيثارة
مزمار
باسون
ناي
ناقوس
مندولين
ماريمبا

المزمار
قرع
بيانو
ساكسفون
دف صغير
طبل
بوق
الترومبون
كمان
التشيلو

57 - Professioni #2

ي	م	م	ا	ا	ئ	ذ	ف	ح	م	ؤ	ب	ي	ز
و	ز	ح	ز	د	ط	ب	ي	ب	خ	خ	ع	د	ى
ا	ا	ق	ص	و	ب	ي	ل	س	ت	ل	ت	ث	غ
غ	ر	ق	م	ش	ي	غ	س	ت	ك	إ	ش	ر	ظ
ا	ع	ذ	س	ز	ب	ح	و	ا	ب	ا	ح	ث	ع
ل	و	ط	و	ض	أ	ط	ف	ن	ض	ن	ج	ح	أ
م	ه	ن	د	س	س	د	ي	ي	م	د	ر	س	ح
ص	س	ن	ظ	ن	ن	ه	ن	ا	ن	ز	ا	ط	ي
و	ث	ط	ك	ا	ا	ا	ذ	م	ر	ش	ح	ط	ا
ر	ت	ئ	ظ	غ	ن	ن	ح	ة	ح	غ	غ	ف	ئ
ط	ص	ل	آ	ل	ر	ا	ئ	د	ف	ض	ا	ء	ي
ذ	ؤ	ح	ل	غ	ط	آ	ل	و	ؤ	م	ش	غ	ف
ث	م	ؤ	ف	و	ز	ص	س	ط	ة	ن	س	ط	آ
ل	ن	أ	م	ي	ن	ا	ل	م	ك	ت	ب	ة	ظ

مزارع
رائد فضاء
أمين المكتبة
أحيائي
جراح
طبيب أسنان
فيلسوف
بستاني
صحفي
المصور

مهندس
مدرس
مخترع
محقق
لغوي
طبيب
طيار
دهان
باحث

58 - Letteratura

ذ	آ	ل	ي	ل	ح	ت	ل	س	ص	ق	د	ق	ن
ي	ر	ع	ا	ش	ك	ض	ر	ح	م	ا	د	ق	م
س	ا	ي	ق	ل	ا	ح	ز	و	ذ	ف	ص	و	ط
ر	س	ع	ا	ق	ي	إ	ض	ا	ط	ي	ي	أ	ر
و	ت	و	ع	م	ة	و	ض	ر	د	ة	ز	ن	ى
ا	ن	ف	م	أ	ع	م	ن	ة	ع	و	ن	ل	ا
ي	ت	ئ	ذ	س	ق	ؤ	ة	ر	ا	ع	ت	س	ا
ة	ا	غ	ح	ا	ى	ل	ب	آ	ض	ى	ض	ة	ي
ن	ج	ت	ر	ة	خ	ف	غ	ف	و	آ	ش	ذ	ح
غ	ن	ن	ض	ر	ح	ع	ع	م	ب	س	ع	ج	س
م	ة	و	ص	ن	ف	خ	ظ	ك	د	ظ	ح	ت	ذ
ة	ق	ر	ش	د	ز	ذ	ت	ش	ح	ر	ظ	ظ	م
ز	و	ي	ر	ل	ث	ز	ط	ل	ؤ	آ	و	ش	ق
إ	ض	ث	ش	آ	و	و	ن	ر	ث	ت	ج	ي	ث

استعارة
رأي
قصيدة
شاعري
قافية
إيقاع
رواية
نمط
موضوع
مأساة

تحليل
القياس
حكاية
مؤلف
استنتاج
مقارنة
نقد
وصف
حوار
النوع

59 - Cibo #2

آ	ة	ح	ة	ص	آ	س	ل	ؤ	و	ض	ط	ب	ش
ط	ئ	ذ	ث	ن	ك	ض	ص	ر	ع	آ	ل	ح	و
س	م	ك	ف	ج	ج	ب	ح	ج	ن	إ	ق	ا	ك
ب	ن	ي	إ	ط	م	ا	ط	م	ب	م	و	ز	و
ج	ن	و	ن	أ	ر	ز	خ	ك	ز	س	ز	ز	ل
و	ى	ي	خ	ت	ذ	و	س	ر	ب	ؤ	ذ	ق	ا
ك	ب	ر	و	ك	ل	ي	ع	ز	ا	ق	م	ح	ت
ت	ر	ع	ع	ب	ي	ض	ة	و	د	ش	ف	ئ	ة
ف	ز	ف	ظ	آ	د	ج	ا	ج	ي	ا	ج	ص	ش
ا	ى	ا	س	ث	ا	ؤ	ب	ا	ذ	ن	ج	ا	ن
ح	ى	ر	ر	خ	ت	ل	ح	ن	خ	ع	آ	إ	ض
ل	ح	م	ا	ل	خ	ن	ز	ي	ر	إ	خ	ى	س
ن	ص	ز	غ	ئ	ب	ف	إ	ب	ل	خ	إ	ك	ط
خ	غ	ؤ	ق	ن	ز	ذ	ن	ي	ق	ص	ح	غ	ط

موز
بروكلي
كرز
شوكولاتة
جبن
فطر
قمح
كيوي
تفاح
باذنجان

خبز
سمك
دجاج
طماطم
لحم الخنزير
أرز
كرفس
بيضة
عنب
زبادي

60 - Nutrizione

ت	ط	ص	ب	د	ا	ى	ب	ز	ب	ف	د	ط	خ
ن	ت	د	ظ	ض	ح	ه	ض	م	ل	ث	ب	ر	ع
ج	و	د	ة	ش	ر	ق	ل	ر	ح	ش	ق	خ	آ
ص	ا	ل	ح	ل	ل	أ	ك	ل	م	ز	ى	ي	إ
ق	ب	ا	ل	ك	ر	ب	و	ه	ي	د	ر	ا	ت
ئ	ل	ل	ي	ف	ئ	ع	ظ	ف	ة	ض	ظ	و	ؤ
م	ت	ص	ش	ا	ل	ب	ر	و	ت	ي	ن	ا	ت
ت	خ	ح	ص	ه	ق	ذ	ا	س	ع	و	ز	ن	ف
و	م	ة	ص	ح	ي	ا	ل	و	م	ى	م	ك	ي
ا	ي	ن	ج	ض	ك	ة	م	ا	ا	غ	و	ع	ت
ز	ر	ك	ض	ق	ح	م	غ	ئ	ط	ى	ا	ش	ا
ن	خ	ه	غ	ا	ع	ف	ذ	ل	ج	ا	ج	خ	م
ئ	ة	ة	ض	و	ة	ة	ي	ض	ز	ذ	و	م	ي
ص	ل	ص	ة	ع	ي	ط	ة	ا	ن	ن	ظ	س	ن

مر
شهية
متوازن
الكربوهيدرات
صالح للأكل
حمية
هضم
تخمير
نكهة
سوائل

المغذي
وزن
البروتينات
جودة
صلصة
الصحة
صحي
توابل
سم
فيتامين

61 - Matematica

ؤ	ض	ى	ى	ض	ث	ج	و	إ	ه	ذ	ف	خ	ش
ق	ط	ر	م	ح	ي	ط	ز	ت	ن	ا	ظ	ر	ق
ز	ز	م	ي	م	و	ا	ز	ء	د	م	ث	ل	ث
ث	و	س	ع	ح	ا	ل	ن	غ	س	ت	ر	ش	و
ص	ا	ت	م	ا	ذ	س	غ	ي	ة	م	ئ	ب	ئ
ل	ي	ط	و	آ	د	ا	ل	أ	ر	ق	ا	م	ع
ع	ا	ي	د	د	ر	ل	ق	ذ	ف	ب	ت	ح	ت
ش	ر	ل	ي	ص	ج	ص	ة	ش	ئ	ص	أ	س	ب
ر	ا	ل	ح	آ	ا	و	ل	آ	ث	ى	غ	ا	ؤ
ي	ح	ع	ط	ح	ت	ت	آ	ج	ك	ع	ص	ب	ج
د	ؤ	ؤ	ش	ش	م	د	ي	ض	ل	غ	ى	إ	ى
خ	ق	ر	ض	ز	ض	ص	ذ	س	آ	ؤ	ب	ص	ئ
س	ذ	خ	غ	ظ	ل	س	ل	ئ	ت	ف	س	ل	إ
ث	ئ	آ	غ	ى	ع	ث	ص	م	ج	م	و	ع	ع

زوايا
حساب
عشري
قطر
معادلة
أس
جزء
هندسة
درجات
الأرقام

مواز
محيط
عمودي
مضلع
مربع
مستطيل
تناظر
مجموع
مثلث
الصوت

62 - Meditazione

ل	ث	ع	غ	ا	ل	م	و	ق	ف	ر	ي	س	ض
ر	غ	ف	ل	و	ل	ع	ق	ل	ل	ب	د	ؤ	آ
غ	ا	ن	ث	ل	إ	م	د	إ	ل	ك	ف	ش	آ
ا	ل	ت	ن	ف	س	ه	ر	ق	ا	ى	ش	ش	ؤ
م	و	س	ل	ا	م	د	ي	ا	ح	ر	ك	ة	ح
و	ط	ض	إ	إ	ق	و	ق	ل	ق	د	ر	ص	ق
س	إ	ا	و	ش	ب	ء	ئ	ل	ط	ب	ي	ع	ة
ي	ي	ل	ل	ح	و	أ	د	ط	و	ي	ة	ق	ص
ق	ح	ص	ض	ع	ل	ف	د	ف	س	ة	ي	ل	د
ى	ض	م	آ	ط	و	ك	ب	ل	ج	ظ	م	ي	غ
ف	ؤ	ت	ف	ف	د	ا	ن	ت	ب	ا	ه	ث	ئ
ا	ل	م	ن	ظ	و	ر	ط	خ	ة	ح	ض	س	ع
ض	ع	ح	ث	ق	ذ	ى	ج	ف	ط	ع	ف	ع	ت
و	ش	آ	ث	خ	ئ	ك	غ	ر	د	ر	خ	خ	ح

قبول
انتباه
هدوء
وضوح
عطف
العواطف
اللطف
شكر
عقلي
عقل

حركة
موسيقى
طبيعة
المراقبة
سلام
أفكار
الموقف
المنظور
التنفس
الصمت

63 - Estate

ع	ع	ي	ر	و	ئ	غ	م	ا	ل	س	ف	ر	ت
ط	ت	خ	ي	ي	م	و	ش	و	ل	ص	ب	آ	ؤ
ل	أ	ا	س	ت	ر	خ	ا	ء	س	إ	خ	م	ت
ة	ل	س	ت	ص	ق	ئ	ط	ا	ب	ي	ق	ي	س
ت	ش	ى	ر	ق	ح	غ	ئ	د	ا	ز	ق	ى	ئ
ث	خ	خ	ا	ة	ج	م	ن	ا	ح	ئ	ت	ى	ع
ث	ع	ح	خ	د	ق	غ	ذ	ص	ة	ب	س	س	ؤ
ذ	خ	خ	ب	و	ت	م	ر	ح	ط	ع	ا	م	ز
ا	ك	ظ	س	ك	آ	ص	ن	ا	د	ل	ل	ص	ق
آ	ح	ر	ت	ش	ئ	خ	ئ	ب	ح	ر	ن	أ	ح
ف	د	و	ي	ا	ل	غ	و	ص	و	ب	ج	ل	غ
ث	ي	إ	آ	ا	ل	ك	ت	ب	ن	غ	و	ع	غ
د	ق	م	ا	ل	ت	ر	ف	ي	ه	ش	م	ا	ى
ن	ة	س	ا	ط	ذ	و	م	ش	ف	ة	إ	ب	ذ

موسيقى
للسباحة
ذكريات
استرخاء
صنادل
شاطئ
النجوم
الترفيه
عطلة
السفر

اصحاب
تخييم
طعام
أسرة
حديقة
ألعاب
مرح
الغوص
الكتب
بحر

64 - Escursionismo

ج	ب	ل	ق	إ	ج	ط	ة	ج	ى	ي	إ	ج	ز
ر	ش	ى	غ	أ	ا	ل	ب	ع	و	ض	ز	ة	ى
ف	ط	ى	ا	ح	ش	ظ	ر	ي	ح	ة	ل	ش	ذ
غ	ع	ر	ل	ذ	ث	ق	ي	ل	ع	ف	ج	ك	ع
ذ	ا	ل	ح	ي	و	ا	ن	ا	ت	ة	ذ	ف	ف
خ	ل	ئ	ج	ة	ن	س	ا	م	ز	ن	ى	ث	ع
ت	م	ن	ا	خ	ا	ل	ح	د	ا	ئ	ق	خ	ة
ح	خ	ت	ر	ى	خ	ي	م	ب	ش	آ	ؤ	ب	و
ض	ا	ي	ة	ث	ن	ر	ق	ق	م	ة	ؤ	ة	ى
ي	ط	ئ	ي	د	ي	إ	ي	ى	س	ح	ث	ر	ى
ر	ر	ع	ؤ	م	ط	م	ر	ط	ف	ش	آ	ت	ق
ذ	خ	ئ	ا	ت	ج	ا	ه	ح	ة	ح	خ	ث	س
غ	ك	ظ	ى	ع	ط	ء	ز	ة	ز	ف	ك	ة	ة
ي	ز	ل	ب	ب	ي	غ	ذ	ث	ق	ف	ة	ض	ض

ماء
الحيوانات
تخييم
مناخ
خريطة
جبل
طبيعة
اتجاه
الحدائق
المخاطر

ثقيل
الحجارة
تحضير
جرف
بري
شمس
متعب
أحذية
قمة
البعوض

65 - Professioni #1

ر	ح	م	م	ر	ض	ج	د	د	ر	إ	م	ل	ج
و	س	ف	ي	ر	ى	ي	ة	ل	ا	و	ص	ث	ي
ك	ص	ا	ئ	غ	ة	ف	ن	ر	ع	ل	ر	ك	و
ك	ع	ل	م	ا	ل	ن	ف	س	ا	ث	ف	ج	ل
ظ	ل	غ	ح	خ	ف	ل	ك	ي	ل	ق	ي	ش	و
س	و	ع	ا	ل	ر	ع	آ	ك	م	ئ	ص	ز	ج
ك	ب	ق	م	ف	س	ا	س	ز	ك	ح	ت	ة	ي
ذ	م	ا	ي	و	ب	خ	ئ	ت	ل	ف	ؤ	ت	ؤ
ب	ظ	ذ	ك	ب	ا	م	ز	ط	ن	ص	ض	ش	ح
ح	ص	ك	ف	ن	ا	ن	ظ	ع	ن	م	ح	ر	ر
ا	ي	ع	ا	ز	ف	ا	ل	ب	ي	ا	ن	و	ي
ر	ا	ص	ي	د	ل	ي	ى	ك	ث	ف	ى	د	ب
م	د	ر	ب	ط	ب	ي	ب	ب	ي	ط	ر	ي	ط
ط	ش	د	س	ق	ى	ز	ت	ق	آ	ر	ئ	ث	م

مدرب
سفير
فنان
فلكي
محامي
راقصة
مصرفي
صياد
رسام خرائط
محرر

صيدلي
جيولوجي
صائغ
سباك
ممرض
بحار
عازف البيانو
علم النفس
عالم
طبيب بيطري

66 - Antartide

ق	س	ش	د	ر	ج	ة	ا	ل	ح	ر	ا	ر	ة
ن	ا	إ	ب	غ	ض	ج	ع	ب	ا	ح	ث	ا	ز
خ	ئ	ر	ئ	ه	ق	ش	ل	ج	ل	ي	د	س	و
ظ	ذ	ص	ة	ج	ج	ن	م	غ	ح	ذ	ذ	ت	ح
ي	ي	ص	خ	ر	ي	ز	ي	ج	ف	ا	ط	ك	غ
س	ح	ا	ب	ة	ش	ض	ي	غ	ظ	ل	ب	ش	ك
ى	ئ	ا	ل	ج	ز	ر	ش	ر	ر	ح	و	ا	س
خ	آ	آ	ل	ز	ك	ر	ط	ا	ة	ي	غ	ف	ي
س	ر	ق	ح	ب	ظ	ؤ	ش	ف	خ	ت	ر	خ	غ
خ	خ	ذ	ض	ك	ع	ج	ل	ي	ل	ا	ا	ث	م
ة	ن	ب	ي	ئ	ة	ث	خ	ة	ي	ن	ف	ف	ص
ا	ل	م	ع	ا	د	ن	ة	غ	ج	ح	ي	ظ	ظ
غ	إ	ا	ك	إ	و	ع	ب	ز	ى	ذ	ا	ض	ؤ
ز	ؤ	ء	ح	ل	ع	ظ	ة	و	ة	ز	و	ص	ف

ماء
بيئة
خليج
الحيتان
الحفظ
قارة
استكشاف
جغرافية
جليد
الجزر

هجرة
المعادن
سحاب
شبه جزيرة
باحث
صخري
علمي
البعثة
درجة الحرارة
طبوغرافيا

67 - Libri

ا	ق	ر	و	ح	ا	ل	د	ع	ا	ب	ة	ت	م
ظ	ت	ص	ح	د	ؤ	ت	ك	ث	ب	ظ	ج	ا	ؤ
ث	ت	س	ي	ا	ق	ا	ل	ك	ل	ا	م	ر	ل
ى	غ	م	ب	د	ع	ة	م	ظ	ت	س	ق	ي	ف
ش	ع	غ	م	ك	ة	ر	ر	ز	ح	ث	ب	خ	خ
ر	و	ا	ل	ا	ز	د	و	ا	ج	ي	ة	ي	ا
ص	ي	م	ح	ذ	ا	ت	ا	ل	ص	ل	ة	ك	ل
خ	غ	ر	م	د	و	ة	ي	ص	ل	د	ث	ط	ر
ك	م	ة	ة	ة	ش	ط	ة	ث	ف	ن	ى	م	ا
ز	ة	ج	ش	و	ث	ب	ث	ا	ك	ح	ؤ	ك	و
ج	م	ق	م	س	ل	س	ل	ة	س	ش	ة	ت	ي
م	أ	س	ا	و	ي	ق	ا	ر	ئ	ر	إ	و	ص
س	إ	ئ	ز	ك	ع	ص	أ	د	ب	ي	خ	ب	إ
ي	ص	ن	ذ	م	م	ة	ن	ب	ي	ط	ن	ر	ك

صفحة
قصيدة
ذات الصلة
رواية
مكتوب
سلسلة
قصة
تاريخي
مأساوي
روح الدعابة

مؤلف
مغامرة
مجموعة
سياق الكلام
الازدواجية
ملحمة
مبدع
أدبي
قارئ
الراوي

68 - Geografia

ع ر ش آ ؤ ج ش ص ط آ خ ئ د خ
م آ د د ل ب ح ك ك ر خ ا ة م
د ج ف ن ذ ل د ط ي ح م ن ث خ
ي ت ا ر ش س ل ط أ ك و ح ط د
ن ت ظ م م ئ ة ض ر ع ل ا ط خ
ة ز ح ي ا غ ة ر ا ق ل ص ط غ
ش ت م ر ل ب و ن ج ط آ ا ز ل
ج ا ن ي ؤ ذ ن م و ص ل ل ل س
ز ر ط د ا خ ه ل ف ا ص ع ل ج
ي ت ق ي ض ق ر ة س ح ل ا غ ت
ر ف ة ا ر ح ب ت ل س ت ل ر ي
ة ا غ ن ع ة و ؤ إ ض ق م ب ز
ر ع ع ئ ق ا إ خ م ز ظ ي ث ي
ئ ق إ و ء ن ح ف ة آ ة ة ف ؤ

بحر
ميريديان
العالمية
جبل
شمال
محيط
غرب
بلد
منطقة
جنوب

ارتفاع
أطلس
مدينة
قارة
خط الاستواء
نهر
جزيرة
خط العرض
خط الطول
خريطة

69 - Cibo #1

ظ ح س ؤ ذ ص ك ز ر س ف ة ض آ
ر ف ف ز س إ ت ي ظ ل ط ل ص ب
ب غ ك غ ق و ح ل ي ط آ ح ي ط
ز ر ك س ل ا ح ي ت ة ئ م ق ة
ر ا و ق ن ص ل ر ظ ة إ ب ل إ
ا ن ض إ ا غ ي غ ث ك ا ح غ ل
آ ل م ج ى خ ب غ ز ذ ج ؤ ز ن
ي ل ح ن إ ش ئ ب ف د ز ص ع ج
ن خ ك ص ظ ع ق ظ ك م ر ن ص ن
ب ا ر ت ث ي ر ع ص س ا ك ي ك
ا ة ل و ا ر ف س ب ع ج ي ر م
ر ر ف ن ط غ ة ا ن و م ي ل ث
غ ض ت ة ى ح ن ط ق ر ل ط ح ر
ع ز ؤ ئ ك خ م و ث ؤ ح ش ذ ى

ثوم
ريحان
قرفة
لحم
جزر
بصل
فراولة
سلطة
حليب
ليمون

نعناع
شعير
كمثرى
لفت
ملح
سبانخ
عصير
تونة
كيك
السكر

70 - Aeroplani

ي	ت	ق	ش	ت	ه	و	ؤ	ا	ر	ف	ش	خ	إ
إ	م	ح	ز	ز	ي	آ	د	ض	ص	م	ى	و	ل
ر	ا	ي	ط	د	د	ا	ص	ط	ه	ا	ج	ت	ا
ا	م	ن	ئ	م	ر	ل	ث	ر	ح	ظ	ر	ل	ر
ك	ز	د	ة	ز	و	ت	د	ا	ؤ	ض	ت	د	ت
ب	ص	ز	ث	ا	ج	ن	إ	ب	ش	ص	ح	د	ف
ح	ض	ج	آ	ص	ي	ق	ء	ا	م	س	ث	ع	ا
د	و	ق	و	ل	ن	ل	ث	ي	ه	ط	آ	ب	ع
ص	ظ	ة	ر	م	ا	غ	م	ب	و	م	ق	ا	ط
ط	ي	ق	ي	ي	ؤ	ذ	و	ا	ا	ء	ا	ن	ب
ض	ض	ن	م	ؤ	ل	ط	ي	ل	ء	ى	ص	ط	ي
ظ	ظ	ح	ت	ن	ز	ى	ذ	و	د	ط	و	ك	ظ
ئ	ر	ج	و	خ	ف	ص	ج	ن	ي	ر	و	ج	إ
ك	ر	ئ	ض	ت	ل	ا	خ	ي	ر	ا	ت	ل	ا

ارتفاع
هواء
هبوط
مغامرة
وقود
سماء
بناء
التصميم
اتجاه
اصل

طاقم
هيدروجين
محرك
التنقل
بالون
راكب
طيار
التاريخ
اضطراب

71 - Pirati

ط	إ	ز	د	ك	س	ئ	ف	م	ت	خ	ت	خ	د
ك	ا	ب	ت	ن	ب	ي	ر	خ	ر	إ	ب	ة	ت
ث	ك	ق	ذ	ز	ب	ى	ء	ز	ض	ث	م	ن	ن
ذ	ه	ب	م	و	غ	ز	ت	ر	ك	ظ	د	ث	ة
ض	ف	ؤ	و	ح	ا	ش	ا	ط	ئ	ب	ق	ج	ص
ع	ل	خ	ح	ص	ء	ا	ن	د	ب	ة	ز	ز	إ
ل	ؤ	ذ	ع	م	ل	ا	ت	م	ع	د	ن	ي	ة
م	ى	ى	ت	ذ	ق	ة	غ	غ	ر	و	س	ر	ز
ي	د	أ	س	إ	ن	ؤ	آ	ا	د	غ	ك	ة	ل
ئ	ث	س	ي	ؤ	ز	ح	ع	م	ر	س	ا	ة	خ
إ	غ	ط	ف	س	خ	ذ	ط	ر	م	ث	س	ت	ط
ر	ر	و	ت	ش	خ	م	ي	ة	ف	ا	ر	إ	ر
ك	خ	ر	ي	ط	ة	ل	ح	ر	ة	ع	ر	س	ش
خ	خ	ة	ظ	ق	ض	ئ	ج	خ	ح	س	ط	ة	ق

أسطورة
خريطة
عملات معدنية
ذهب
ببغاء
خطر
رم
سيف
شاطئ
كنز

مرساة
مغامرة
علم
بوصلة
كابتن
سيء
ندبة
طاقم
كهف
جزيرة

72 - Colori

ش	و	خ	أ	ر	ج	و	ا	ن	ي	خ	ب	ؤ	ق
ت	ة	ر	م	خ	ب	ر	ت	ق	ا	ل	ي	ا	ى
و	أ	ص	ف	ر	ض	غ	ص	إ	س	ض	ج	آ	ص
ر	ف	ض	غ	غ	غ	ر	ب	ن	ي	د	ا	ك	ن
د	م	ل	إ	ا	د	ة	ث	إ	ق	ف	ب	ت	د
ي	س	ا	أ	ز	و	ر	ص	ن	ر	و	ن	ع	ع
د	ر	ك	د	ن	أ	ز	ر	ق	م	ش	ف	ط	ئ
ا	ط	ئ	آ	ي	أ	ح	م	ر	ز	ي	س	ف	غ
غ	ر	آ	ي	ل	و	س	ر	ح	ي	ا	ج	ى	س
ض	ظ	ل	و	ي	ى	ع	و	أ	ب	ي	ض	ف	آ
س	ي	ن	إ	إ	ل	د	ش	د	ب	ذ	ئ	آ	ب
ع	ب	ى	ذ	ؤ	آ	ص	ى	إ	ن	ث	ط	ا	ن
ا	ج	ب	ا	ض	ط	ي	ؤ	خ	ي	م	ئ	ف	ذ
ئ	ا	س	ا	ز	ر	ق	س	م	ا	و	ي	خ	ض

برتقالي
أزور
بيج
أبيض
أزرق
ازرق سماوي
قرمزي
فوشيا
أصفر
رمادي
نيلي
بني
أسود
وردي
أحمر
بني داكن
أخضر
أرجواني
بنفسج

73 - Spiaggia

ل إ ؤ ق ح ج خ ر ئ م ع خ ص ش
ل ل م ر ة ز ص ط د ر ط ي ح م
س ع ن ن ؤ ي ؤ ز ج ك ل ن ذ س
ب ت ش ع ف ر ي ك خ ب ة ص د آ
ا د ف س ى ة و ة ئ ش ت ؤ ص و
ح ذ ة ا ح ز ن ا ط ر س ط ز ة
ة ر د ح م ق ر ز أ ا م ر ح ب
ذ ة ن ل ص ب ر ا ق ع د ق س ط
ذ ى ي ن ن و ج ا ل ي ى ى ك د
إ ك ا ي ؤ ج ح خ ظ ى و د خ ف
و د د ؤ ا آ ي غ ة ل ة ل ظ م
ل ى ح ف ق س ن ط ت آ ك ذ ى م
ض د غ س ز ة ذ ئ ي ب م ب ل خ
م ش إ د ض د إ ة ف خ ط ن ذ ض

منشفة
قارب
مركب شراعي
أزرق
ساحل
رصيف
سرطان
جزيرة
لاجون

بحر
للسباحة
محيط
مظلة
رمل
صنادل
شمس
عطلة

74 - Avventura

ا	ل	ج	د	ي	د	أ	ف	آ	ع	ك	ص	غ	ي
ص	ت	م	ى	ذ	ذ	ح	م	ر	ح	ب	ر	ي	ا
ح	ح	ا	ل	س	ف	ر	د	ن	ص	ض	ش	ر	ل
ا	ة	ل	غ	ن	ش	ا	ط	ذ	ز	ة	ج	ع	م
ب	م	س	ا	ر	ا	ل	ر	ح	ل	ة	ا	ا	ل
ا	ل	ت	ح	د	ي	ا	ت	و	ف	ن	ع	د	ا
ن	ص	ذ	ت	م	ئ	ل	ئ	ن	ن	ذ	ة	ي	ح
ح	ق	ظ	ح	ة	د	ط	ب	إ	و	ج	ه	ة	ة
ر	ى	ط	ض	م	ج	م	ة	ص	ج	ذ	س	آ	ك
ا	ة	ض	ي	ط	ا	ص	ع	و	ب	ة	ب	ئ	إ
ف	ظ	إ	ر	ب	ت	س	ذ	ي	ص	ث	م	ذ	ذ
ب	خ	خ	ط	ي	ر	س	ج	ن	ئ	ن	ذ	ؤ	خ
إ	ا	ق	ى	ع	ش	د	ز	ح	ي	ق	ت	ي	و
ى	ئ	ع	ى	ة	ث	ج	ك	ز	د	د	ض	ض	ك

غير عادي
مسار الرحلة
طبيعة
الملاحة
الجديد
خطير
تحضير
التحديات
أمن
السفر

اصحاب
نشاط
جمال
فرصة
شجاعة
وجهة
صعوبة
حماس
انحراف
مرح

75 - Forme

م	ر	ب	ع	م	ق	ف	ز	ذ	ح	ش	إ	إ	ص
ض	ك	ح	ق	خ	و	آ	ب	م	س	ت	ط	ي	ل
ل	ن	ق	ئ	ر	س	ش	ؤ	د	ك	ع	ط	ا	ا
ع	ى	ب	ئ	و	و	ص	و	ه	ا	ع	س	د	ل
ب	آ	ع	ا	ط	ج	ى	ز	ر	ل	ئ	ب	ظ	ق
ئ	ا	ل	ج	ا	ن	ب	ح	م	ب	ؤ	ر	ئ	ط
م	س	ت	د	ي	ر	ح	ص	ن	ي	خ	ط	ة	ع
ث	ط	و	ا	م	ن	و	ط	ح	ض	ى	ش	ئ	ا
ل	و	ي	ث	ئ	ت	ا	ص	ن	ا	ح	ى	ى	ل
ث	ا	س	ة	ث	ف	ف	ض	ى	و	د	ى	ح	ز
ح	ن	و	ق	غ	غ	و	ر	ى	ي	ث	غ	ق	ا
إ	ة	ر	ج	ك	ص	ص	ئ	ق	ت	ث	آ	ز	ئ
و	ز	إ	ز	ج	ى	د	ع	ي	ط	ظ	غ	د	د
ع	ر	ش	ك	د	ئ	ل	ذ	إ	ا	ة	ذ	ا	ر

ركن
قوس
حواف
دائرة
اسطوانة
مخروط
مكعب
منحنى
القطع الزائد
الجانب

خط
البيضاوي
هرم
مضلع
موشور
مربع
مستطيل
مستدير
مثلث

76 - Oceano

ع	ش	ف	ل	م	خ	ئ	ق	ع	ص	ن	ث	ت	ق
س	م	ك	ق	ؤ	ر	آ	ؤ	ا	م	ف	إ	ق	ن
ر	ا	ج	م	ب	ر	ي	ص	ص	ح	و	ت	ص	د
ط	ل	ل	أ	م	و	ا	ج	ف	ا	ة	و	غ	ي
ا	م	ح	م	ح	ى	ا	ز	ة	ر	غ	ن	م	ل
ن	ر	ل	ا	د	ن	ر	ل	ط	س	إ	ة	إ	ا
ت	ج	إ	س	د	و	أ	خ	ط	ب	و	ط	ؤ	ل
ق	ا	ر	ب	و	ن	ا	ل	خ	ح	ب	ت	ر	ب
ظ	ن	ي	س	ل	ك	ي	ل	ا	ى	ا	ب	ث	ح
م	ل	ح	ل	ف	إ	ط	ص	ج	ة	ى	ل	ع	ر
ض	خ	د	ح	ي	ئ	س	ي	غ	ز	ق	ئ	ب	ت
ش	ج	ظ	ف	ن	ش	ض	ف	ت	ى	ر	ظ	ا	و
ق	ف	س	ا	ئ	م	ة	ر	ن	د	ش	ج	ن	ت
ن	ن	ذ	ة	ى	ا	ل	إ	ز	ج	ذ	ش	ا	ؤ

أمواج
محار
سمك
أخطبوط
ملح
إسفنج
قرش
سلحفاة
عاصفة
تونة

الطحالب
ثعبان
حوت
قارب
المرجان
دولفين
جمبري
سرطان
المد والجزر
قنديل البحر

77 - Famiglia

ط	ي	إ	ا	ش	غ	ق	ف	ئ	ا	ر	ى	م	م
ذ	آ	ى	ر	ل	ق	ع	ب	س	ل	ب	ر	ح	م
ا	ب	ن	أ	خ	ع	ي	ع	ل	أ	د	ض	ع	ا
و	ط	ح	ظ	ب	ا	م	ق	ف	ط	آ	ل	س	ب
أ	ا	آ	ش	ا	ل	ز	و	ج	ف	ع	ة	ح	ن
م	ظ	خ	إ	ل	أ	ت	ة	ع	ا	ا	ف	ا	ع
ة	و	ي	ح	أ	م	ر	ئ	د	ل	و	ك	ب	م
ئ	ا	ت	ذ	ب	خ	ق	س	ر	ز	إ	ف	ن	ظ
ع	م	ر	ح	ل	ة	ا	ل	ط	ف	و	ل	ة	أ
م	ن	ز	ح	ف	ن	أ	خ	ت	ط	ف	ل	ى	ب
ة	ز	و	د	ي	ي	ف	ص	ث	ف	د	ر	د	ج
غ	ز	ج	ب	ب	ن	د	ق	ص	ل	د	س	ب	ج
ئ	ص	ة	ذ	ح	ة	ؤ	ر	ة	ل	ي	ج	د	ة
ح	ط	ز	ف	ح	ط	ظ	ذ	و	ق	ج	د	غ	ؤ

زوجة
ابن أخ
حفيد
جدة
جد
أب
الأب
أخت
عمة
العم

سلف
الأطفال
طفل
ابن عم
ابنة
شقيق
مرحلة الطفولة
أم
الزوج
الأم

78 - Veicoli

غ	و	ا	ص	ة	س	ه	س	ك	و	ت	ر	ع	د
ت	ق	ث	ط	ن	ي	ل	ن	د	ج	و	إ	و	غ
ص	ا	س	ج	ث	ا	ي	ا	ر	ق	ج	ى	ط	ع
ا	ف	ك	م	ح	ر	ك	ا	ا	ا	إ	إ	ج	ا
و	ل	ش	س	ا	ة	و	ا	ج	ر	ط	آ	ث	م
غ	ة	ع	ع	ي	ث	ب	ق	ة	ب	ئ	ظ	ح	ت
ى	ح	م	ب	ا	ث	ت	ط	و	ف	ج	ر	ا	ر
ز	ص	ك	ئ	ا	ل	ر	ا	م	ض	و	ف	ف	و
إ	ق	ظ	ش	د	ر	إ	ر	ل	ة	ع	ط	ل	ن
ر	آ	ة	ب	ؤ	ج	ة	ط	ا	ئ	ر	ة	ة	ث
س	ي	ا	ر	ة	إ	س	ع	ا	ف	ئ	إ	ظ	ا
خ	ئ	ة	ض	ئ	ؤ	س	ر	ى	ر	ث	ذ	ر	ؤ
خ	غ	ش	ؤ	م	ز	ي	ي	ذ	آ	ا	آ	ف	ي
ش	ا	ح	ن	ة	ص	ا	ر	و	خ	غ	ت	ة	ث

طائرة
سيارة إسعاف
سيارة
حافلة
قارب
دراجة
شاحنة
قافلة
هليكوبتر
مترو

محرك
الإطارات
صاروخ
سكوتر
غواصة
تاكسي
العبارة
جرار
قطار
طوف

79 - Emozioni

م	ت	ح	م	س	ب	آ	ع	ظ	م	س	م	ف	ط
ح	ق	ب	ف	خ	ل	ة	ج	د	ع	ر	ع	ب	د
ر	م	ه	ا	ا	ش	ا	ك	ر	غ	ا	ح	ز	ن
ج	ذ	د	ج	ل	م	ؤ	م	ت	ض	ض	ن	ا	ط
ص	ن	و	أ	ن	و	خ	و	ف	ب	و	ا	ة	ح
ا	ق	ء	ة	ع	ؤ	ل	ق	ح	ر	ث	ن	ت	ر
ل	ل	ئ	ة	ي	ص	ب	و	ن	ز	خ	ج	ة	ك
ل	م	ه	ي	م	م	ح	ت	و	ى	م	ث	ك	ص
ط	ظ	د	د	ص	د	ع	و	د	ش	ئ	ث	ر	ا
ف	م	خ	ذ	و	ح	ض	ن	ة	ر	ع	ق	ا	خ
ث	آ	ن	ا	ط	ء	م	ع	س	ض	ظ	س	ر	غ
ظ	خ	آ	آ	ك	إ	ي	ظ	ط	د	د	ذ	ظ	ل
م	ل	ل	م	م	خ	ظ	د	ر	ز	و	ب	و	ق
آ	ك	ز	ظ	ي	ح	و	ر	م	ي	ل	و	ى	ث

حب
النعيم
هدوء
محتوى
متحمس
اللطف
مرح
شاكر
محرج
ملل

سلام
خوف
غضب
ميل
راض
مفاجأة
حنان
الهدوء
حزن

80 - Natura

و	ع	ف	ك	ث	ه	ا	د	ئ	ظ	ش	ك	ذ	ا
ف	ل	ح	ض	ط	ا	ق	ل	و	و	س	ؤ	غ	ل
ا	ت	ض	م	ث	ل	ج	ة	ج	ؤ	ح	ج	ئ	ح
أ	ل	ى	ة	ح	ن	ح	م	ض	ب	ا	ب	ط	ي
و	ظ	ق	ؤ	ك	ح	ؤ	إ	ا	ؤ	ا	ئ	ص	و
ر	ؤ	خ	ط	ض	ل	ظ	ح	ث	ل	ذ	ل	ح	ا
ا	ب	ر	ي	ب	ص	ك	غ	ا	ب	ة	س	ر	ن
ق	م	أ	و	ى	ا	م	ت	ح	ر	ك	ح	ا	ا
ا	م	ل	ا	ذ	آ	ل	ن	ه	ر	ى	ا	ء	ت
ل	ت	آ	ك	ل	ث	ج	ش	ا	ص	ى	ب	ح	ط
ش	ا	س	ت	و	ا	ئ	ي	م	ؤ	ئ	إ	ي	ث
ج	ا	ظ	ص	ي	ق	ي	ص	ك	ا	ح	ل	و	س
ر	ض	إ	ج	و	ؤ	م	ك	ى	ب	ل	ز	ي	م
ش	ة	س	و	ن	ص	ث	ص	ن	ي	ظ	ي	إ	ج

الحيوانات
النحل
القطب الشمالي
جمال
صحراء
متحرك
تآكل
نـهر
أوراق الشجر
غابة

مثلجة
الجبال
ضباب
سحاب
مأوى
ملاذ
بري
هادئ
استوائي
حيوي

81 - Balletto

ع	ش	ظ	ض	ص	ز	ذ	ض	ي	خ	ا	م	ع	ر
ك	ض	ا	ل	ر	ا	ق	ص	ا	ت	ل	ل	ؤ	ث
ك	ئ	ل	ف	ت	ة	غ	ة	ط	ب	ك	ح	ط	و
ط	آ	س	ا	م	و	س	ي	ق	ى	و	ن	ظ	ا
م	ح	ن	و	ت	ع	ك	ث	ب	آ	ر	م	ب	ل
ه	ت	ق	ن	ي	ة	ب	د	ف	ث	ي	ط	ر	ج
ا	ق	س	س	ش	آ	ط	ر	د	غ	غ	ص	و	م
ر	ش	ا	ل	د	ر	و	س	ة	ب	ر	ض	ف	ه
ة	ب	ن	ب	ة	و	خ	إ	ي	ق	ا	ع	ة	و
خ	و	د	ق	ذ	إ	آ	ر	ت	ص	ف	ي	ق	ر
ف	أ	و	ر	ك	س	ت	ر	ا	ص	ي	ث	ك	و
م	ن	ف	ر	د	ا	ج	ذ	ب	ل	ا	ك	ج	ل
خ	ط	ي	خ	د	و	ى	غ	ظ	إ	ش	ئ	ى	ا
ض	و	ق	ف	ن	ظ	ش	د	ك	ت	س	ز	إ	ش

مهارة
تصفيق
فني
منفردا
الراقصات
ملحن
الكوريغرافيا
معبرة
لفتة
شدة

الدروس
عضلات
موسيقى
أوركسترا
بروفة
الجمهور
إيقاع
نمط
تقنية

82 - Castelli

إ	ج	ز	ت	ئ	ز	ب	ئ	ة	إ	خ	ى	ك	ش
ظ	ا	خ	ز	ش	ؤ	ج	ث	ف	م	أ	ق	ئ	ج
إ	ا	ل	ن	ب	ي	ل	ذ	إ	ب	م	م	غ	ك
ق	ص	ر	ز	د	ا	ل	آ	د	ر	ي	ؤ	ي	ب
ط	ح	ص	ا	ن	ق	ض	د	و	ا	ر	ح	ؤ	ر
ا	ؤ	س	ن	ن	ف	س	ر	ن	ط	ة	ئ	ا	ج
ع	ل	س	ة	ك	ن	ل	ع	ى	و	ت	ا	ل	ف
ي	ح	م	س	ز	ح	ا	ئ	ط	ر	ا	خ	م	ذ
ث	م	س	م	خ	ن	ل	د	م	ي	ج	ش	ن	ج
س	ت	ي	ص	ل	و	ة	غ	خ	ة	غ	ر	ج	ك
ف	ن	ف	م	ل	ك	ف	ا	ر	س	غ	ك	ن	ز
غ	ي	م	خ	ئ	إ	ة	ب	ز	ج	ؤ	غ	ي	ل
ش	ن	ن	ص	ي	ذ	ل	ف	ى	ع	س	ف	ق	ض
ض	ض	ل	ج	ئ	ا	ز	آ	د	م	ب	ع	آ	ث

درع
المنجنيق
فارس
حصان
تاج
سلالة
تنين
زنزانة
إقطاعي
خندق

إمبراطورية
النبيل
قصر
حائط
أمير
أميرة
المملكة
سيف
برج

83 - Foresta Pluviale

ح	ظ	م	د	ي	ض	ا	ا	ح	ت	ر	ا	م	ت
ى	م	ط	و	ط	ز	ل	ض	ؤ	ظ	آ	ل	ل	ا
ا	ج	ش	ة	ن	ا	ط	د	ة	ط	ع	ب	ى	آ
ب	آ	ي	ض	ب	ن	ي	ا	ل	ح	ش	ر	ا	ت
ا	م	ق	ذ	ض	ف	و	ت	ط	ل	ظ	م	س	ث
ل	ل	ن	ج	ا	ة	ر	ب	ض	ب	آ	ا	ت	ى
غ	ة	ث	ا	ح	ض	م	ح	ف	ظ	د	ئ	ع	س
ا	ل	ظ	د	خ	ش	ب	ل	ل	ف	ن	ي	ا	ح
ب	م	ط	ب	ي	ع	ة	ق	ج	ج	ب	ا	د	ا
ة	ز	ذ	و	ق	ي	م	ة	ع	أ	ا	ت	ة	ب
ى	ف	ك	ج	ظ	ر	ا	ف	ؤ	ص	ت	ن	س	خ
ا	ل	أ	ن	و	ا	ع	ت	ص	ل	ي	و	ؤ	آ
ب	ت	ؤ	ق	ي	س	ة	ي	ت	ي	س	ع	ز	ش
ت	ز	ف	ئ	ي	ر	ت	ن	ع	ت	ة	ل	ظ	ى

البرمائيات
نباتي
مناخ
ملة
تنوع
الغابة
أصلي
الحشرات
الثدييات
طحلب

طبيعة
سحاب
حفظ
ذو قيمة
استعادة
ملجأ
احترام
نجاة
الأنواع
الطيور

84 - Edifici

د	م	ح	غ	و	إ	ل	ح	م	ع	ش	ف	م	ن
ف	س	م	ج	آ	ي	د	ن	ف	غ	س	ظ	د	ج
ب	ر	ة	ر	ا	ف	س	ل	ا	و	ذ	ف	ر	ا
و	ح	ط	ق	ط	ؤ	ي	ظ	ب	ل	ز	ن	س	م
ج	و	ا	ظ	خ	ص	ن	ر	خ	ج	ص	ط	ة	ع
ا	ش	ر	ب	ت	خ	م	ح	ح	ظ	ر	م	غ	ة
ل	ئ	إ	ر	ق	ا	ا	ظ	غ	ق	ى	ض	إ	ط
م	ز	ش	ج	ر	ك	ي	ك	م	ك	ل	ى	ف	ن
ق	ش	ك	ك	ى	ر	ل	ط	ع	ض	ث	س	خ	ش
ص	م	ت	ظ	ة	ظ	ف	ح	ت	م	ق	د	ن	ف
و	ب	ع	ل	م	ة	ق	ش	ى	ف	ش	ت	س	م
ر	م	ت	ك	ص	خ	ل	ج	ة	م	ي	خ	ر	ث
ة	س	ط	ذ	ن	إ	ع	ظ	ق	ص	ذ	ص	ش	ق
ف	ق	ن	ا	ع	ب	ة	ض	ل	و	د	ح	غ	خ

السفارة
شقة
المقصورة
قلعة
سينما
مصنع
حظيرة
فندق
مختبر
متحف

مستشفى
مرصد
نزل
مدرسة
ملعب
سوبر ماركت
مسرح
خيمة
برج
جامعة

85 - Paesi #2

ا	ه	ض	ى	ب	ج	ج	و	آ	ز	خ	ن	ع	ب
ل	ل	ا	و	س	ش	ا	ل	ي	ا	ب	ا	ن	ا
د	ي	ل	ي	ض	ض	م	أ	ط	ؤ	ي	ق	ت	ك
ن	ب	س	ا	ت	أ	ا	ا	ث	ذ	ئ	ى	ي	س
م	ي	و	ل	ظ	ي	ي	ك	ك	ي	آ	ف	د	ت
ا	ر	د	ي	ض	ر	ك	و	غ	ب	و	ش	ر	ا
ر	ي	ا	و	آ	ل	ا	د	ز	غ	ر	ب	ض	ن
ك	ا	ن	ن	ئ	ن	أ	و	ك	ر	ا	ن	ي	ا
ض	ئ	ك	ا	ص	د	ي	ا	خ	ب	ع	ك	س	ا
ث	ظ	غ	ن	ئ	ا	ض	ج	ن	ذ	ج	ي	و	ط
ى	آ	ج	أ	ل	ب	ا	ن	ي	ا	خ	إ	ر	ر
ا	ل	م	ك	س	ي	ك	ف	ب	ر	و	س	ي	ا
إ	ن	د	و	ن	ي	س	ي	ا	ث	ي	ئ	ا	ض
أ	و	غ	ن	د	ا	ئ	ت	ل	د	غ	ا	إ	ى

ألبانيا
الدنمارك
أثيوبيا
جامايكا
اليابان
اليونان
هايتي
إندونيسيا
أيرلندا
لاوس

ليبيريا
المكسيك
نيبال
نيجيريا
باكستان
روسيا
سوريا
السودان
أوكرانيا
أوغندا

86 - Tipi di Capelli

م	ك	ث	ح	أ	س	و	د	ؤ	ئ	خ	س	ن	ج
ح	ب	ع	ض	ب	ش	ب	ت	ى	م	ت	م	ا	ا
إ	ا	ش	ؤ	ي	ب	ق	ص	ي	ر	ة	ي	ع	ف
ظ	ا	ى	ر	ض	ش	ن	ر	ص	ق	ش	ك	م	ز
ع	ل	م	خ	م	ى	س	ي	ز	ي	ز	ئ	ج	ك
ن	ض	ح	ظ	ت	ا	ض	م	خ	ق	ق	ت	ع	ظ
ل	ف	ذ	ص	م	ب	د	ى	ظ	أ	ظ	ب	د	م
آ	ا	د	ط	و	ي	ل	ي	ر	ص	م	س	ق	ض
ف	ئ	ع	ت	ج	ع	ي	د	ا	ل	ش	ع	ر	ف
ص	ر	خ	إ	خ	ب	ا	ب	ح	ع	ر	د	م	ر
ح	ؤ	ن	م	ث	و	س	ث	م	ل	و	ن	ت	ط
ي	ف	ث	ى	م	ز	ا	ظ	ل	ؤ	ح	ف	ك	آ
ف	ض	ة	ب	ف	ش	م	م	ك	ث	ئ	ص	ش	ط
ذ	ط	ض	ر	ت	ؤ	ظ	ر	ح	ف	ن	ئ	ي	ج

فضة
جاف
أبيض
أشقر
قصيرة
أصلع
ملون
رمادي
مضفر
طويل

بني
ناعم
أسود
متموج
مجعد
تجعيد الشعر
صحي
رقيق
سميك
الضفائر

87 - Vestiti

آ	ل	ى	ج	ظ	ق	م	ي	ص	ا	غ	ظ	ل	ؤ
ا	د	إ	ف	ك	ا	ف	س	ت	ا	ن	ج	ك	ي
غ	ل	ع	ف	خ	ح	ذ	ا	ء	ب	ة	ي	إ	ح
و	ض	آ	ص	غ	ا	م	ئ	ز	ر	ث	ن	ك	ط
ش	ق	ى	ر	ن	آ	غ	ن	ي	ا	ح	ز	ا	م
ا	ي	س	ج	ا	ا	س	ل	ع	ج	ت	ج	ر	ئ
ح	م	ق	ت	ل	غ	د	ب	ل	و	ز	ة	آ	ب
و	ع	خ	ن	س	ق	ط	ل	آ	ج	ؤ	إ	و	ج
ز	ط	إ	و	ت	ؤ	ظ	ك	ج	ب	ك	و	ت	ر
ذ	ف	د	ر	ر	ط	ل	ر	س	س	ت	ر	ة	و
ت	ع	آ	ة	ة	غ	خ	ب	ر	و	ق	ب	ع	ة
ق	ل	ا	د	ة	ك	ئ	ث	و	ى	ا	ض	ج	ل
ق	ز	ض	ن	م	و	ض	ة	ا	م	ق	ر	ئ	ؤ
ل	ب	ا	س	ن	و	م	خ	ل	غ	ت	ظ	ن	ث

فستان
سوار
بلوزة
قميص
قبعة
معطف
حزام
قلادة
السترة
تنورة

مئزر
قفازات
جينز
سترة
موضة
سروال
لباس نوم
صنادل
حذاء
وشاح

88 - Attività e Tempo Libero

ك	ت	ا	ي	ا	و	ه	ل	ا	ث	س	ن	ت	ب
ر	ز	ل	ز	ل	ا	س	ص	ج	س	م	ص	ي	س
ة	ج	ا	ص	ك	ل	ت	ي	ت	ل	ظ	س	ك	ت
ا	ط	س	ى	ر	غ	ص	د	ذ	ج	ب	ش	ر	ن
ل	ئ	ت	ي	ة	و	ف	ا	م	و	د	ز	ة	ة
س	آ	ر	ة	ا	ص	ح	ل	ل	ل	ن	ج	ا	ا
ل	ط	خ	ب	ل	ذ	إ	س	ا	ف	ا	ر	ل	ل
ة	ج	ا	ن	ط	ع	ج	م	ك	ح	ل	ت	ق	ل
ئ	غ	ء	غ	ا	ل	إ	ك	م	ا	س	خ	د	و
ج	ح	ظ	ي	ئ	ش	ص	ي	ة	و	ف	ت	م	ح
ك	ة	ص	ف	ر	ت	ش	س	ق	ط	ر	ا	ي	ة
ق	آ	ن	ذ	ة	غ	د	ع	ح	م	ي	ي	خ	ت
س	ذ	آ	ي	إ	ة	ح	ا	ب	س	ب	ل	غ	ض
آ	ش	ب	ز	إ	ظ	ق	ش	خ	ظ	خ	ث	ب	ن

سباحة
الكرة الطائرة
صيد السمك
اللوحة
الاسترخاء
التسوق
تصفح
تنس
السفر

فن
بيسبول
كرة السلة
ملاكمة
كرة القدم
تخييم
بستنة
جولف
الهوايات
الغوص

89 - Tecnologia

ض	ل	ل	إ	ف	ث	ة	ل	غ	آ	ظ	م	ث	ك
ح	س	ف	ش	ق	ظ	ل	ى	ق	م	ظ	ص	إ	ف
ؤ	ص	غ	ع	ك	س	ض	ش	س	ط	ط	ج	ط	إ
د	ض	م	ا	ل	م	ت	ص	ف	ح	م	ظ	س	ص
ئ	ج	ظ	ر	ا	ل	م	ؤ	ش	ر	ف	ل	ش	ب
ظ	إ	ط	ش	ل	ث	إ	ح	ا	س	س	م	ف	ف
ل	ج	ح	غ	ب	ا	ي	ت	ش	م	ف	ا	ن	ي
أ	م	ن	ف	ي	ر	و	س	ة	د	إ	ل	ل	غ
ك	ذ	ق	ك	ا	ل	ح	ا	س	و	ب	إ	ر	ة
ك	ا	ى	إ	ن	ت	ر	ن	ت	ن	ح	ح	ق	ن
آ	س	م	ك	ا	ط	ع	ف	ف	ة	ث	ص	م	د
خ	ط	ظ	ي	ت	ى	ط	ر	ا	ف	ؤ	ا	ي	ذ
ص	ا	ف	ت	ر	ا	ض	ي	ة	م	ع	ء	إ	ي
خ	ذ	د	ج	ج	ا	ب	ر	م	ج	ي	ا	ت	د

مدونة
المتصفح
بايت
الحاسوب
المؤشر
البيانات
رقمي
ملف
خط
إنترنت

رسالة
بحث
شاشة
أمن
برمجيات
الإحصاء
كاميرا
افتراضية
فيروس

90 - Arte

ل	ت	ث	خ	ل	ا	ل	س	ر	ي	ا	ل	ي	ة
ط	ض	ر	ؤ	ق	ل	و	ش	ؤ	ض	غ	م	م	ث
ص	ش	ث	ئ	ن	ت	ح	ج	خ	ج	ؤ	ر	و	س
ا	ل	ش	ك	ل	ع	ا	إ	ن	ص	ح	ك	ض	ع
د	ظ	ع	ظ	إ	ب	ت	ة	ث	إ	ي	ب	و	ش
ق	آ	ر	س	ت	ي	غ	م	ر	م	ز	ص	ع	ن
ض	ك	ب	ح	ج	ر	ص	ض	ز	س	س	ر	م	إ
ى	إ	م	ذ	س	ع	ط	ح	ث	ا	م	ي	ؤ	ؤ
ذ	ي	ا	آ	ت	أ	ص	خ	ب	ل	ج	ظ	ث	ج
ح	ظ	خ	ئ	ت	ص	ت	ب	خ	ن	ح	ط	ش	ش
ك	ض	ح	آ	ك	ل	و	س	إ	ح	ن	ض	ل	ر
إ	ب	و	إ	و	ي	ظ	ي	ي	ت	ط	ح	ق	ز
ف	ف	ة	و	ي	س	ب	ط	ر	ط	ذ	ن	ح	ر
ذ	ز	ذ	ي	ن	س	ي	ر	ا	م	ي	ك	ف	آ

سيراميك
مركب
تكوين
لوحات
التعبير
الشكل
ربما
صادق
أصلي
شخصي

شعر
تصوير
النحت
بسيط
رمز
موضوع
السريالية
مزاج
بصري

91 - Meteo

ح	ؤ	ا	ن	و	ئ	ب	ر	ئ	خ	إ	ذ	ت	ج
د	ب	ص	ئ	ط	ذ	م	ي	ش	و	ع	ى	ذ	ف
ئ	ر	ه	د	و	ء	ن	ح	آ	د	ص	د	ؤ	ا
خ	ق	ج	ا	ش	ط	ا	س	ت	و	ا	ئ	ي	ف
ن	و	ي	ة	ل	م	خ	م	ي	ي	ر	ج	ت	و
ج	س	ظ	ؤ	ا	ض	ت	ا	د	إ	ط	ل	ت	ذ
ف	ق	ي	ظ	إ	ل	ب	ء	ر	ذ	ب	ي	ز	س
ئ	ز	ذ	م	ع	ز	ح	ا	ل	ر	ع	د	ذ	ز
ا	ح	ض	ق	ح	ز	ض	ر	ب	ب	و	ر	س	آ
ع	ى	ؤ	ط	ن	ي	ى	ع	ا	ص	ف	ة	ظ	ي
س	ح	ا	ب	ة	ا	ج	ا	ف	ر	و	آ	غ	ع
ك	ص	ر	ي	ذ	ب	ص	د	و	آ	ة	ح	ر	و
ن	د	ظ	ا	ل	غ	ل	ا	ف	ا	ل	ج	و	ي
ة	ل	د	ر	ذ	إ	ح	ر	ى	م	ف	ذ	ض	ح

سحابة
قطبي
جفاف
درجة الحرارة
عاصفة
إعصار
استوائي
الرعد
رطب
ريح

قوس قزح
جاف
الغلاف الجوي
نسيم
هدوء
سماء
مناخ
برق
جليد
الضباب

92 - Corpo Umano

س	ا	آ	ة	ف	ر	ة	ب	ق	ر	إ	ى	ب	ة
س	ل	س	إ	ض	م	ي	ل	ك	ج	ض	ث	ذ	ا
ق	م	ن	أ	ذ	ض	ش	و	إ	ل	ع	ئ	ب	د
ي	ع	ي	ذ	ظ	ع	ع	ج	خ	آ	م	ش	ث	ج
ة	د	د	ن	ز	ن	خ	ه	ش	ب	ث	ظ	ل	ة
ض	ة	م	ن	ى	ز	ظ	ر	و	د	س	د	غ	ق
و	ت	إ	ب	ئ	ز	ا	إ	ض	م	ق	ح	ن	ص
ع	ع	أ	ظ	و	ب	ل	و	ل	ا	ع	ب	ص	إ
ت	ص	ن	ق	ذ	ئ	ك	ا	د	غ	ي	ص	غ	ع
آ	و	ف	ل	ى	س	ف	ي	د	ج	ن	ت	آ	آ
خ	ش	ز	ب	غ	و	ر	ز	ك	إ	س	ي	ئ	ر
ذ	إ	ظ	ح	ض	ك	ف	د	ا	ط	ة	ف	ش	ى
ن	د	ث	آ	ب	ت	ن	آ	ح	ة	ب	ؤ	ل	ر
ن	م	ئ	ة	م	ف	ن	ف	ل	و	ب	م	غ	ط

يد	فم
ذقن	كاحل
أنف	دماغ
عين	رقبة
أذن	قلب
جلد	إصبع
دم	وجه
كتف	رجل
المعدة	ركبة
رئيس	كوع

93 - Mammiferi

ب	ن	ر	أ	ذ	د	غ	ئ	ش	غ	ن	ؤ	ش	خ
ط	ب	س	ظ	ف	ى	ق	ك	ذ	ل	م	ح	ت	ي
ق	د	ا	ى	د	ج	إ	ى	ئ	إ	ع	ى	ى	ي
ر	و	ث	ف	ن	ا	ص	ح	ب	ئ	ذ	ا	ذ	آ
د	ل	ز	ظ	ح	ض	ر	آ	ا	ط	ب	ل	ك	ذ
ذ	ف	ض	ح	ص	س	ت	ط	ل	ي	د	ف	ن	ق
ض	ي	ا	م	ر	و	م	س	ب	ت	د	ي	غ	ؤ
ظ	ن	ش	ا	م	د	ف	و	ر	خ	غ	ل	ر	س
ف	ئ	س	ر	غ	ئ	و	و	ا	ش	و	ز	م	ل
ث	ح	س	و	ب	آ	ك	م	ر	ز	ر	ش	ظ	ش
و	د	ف	ح	م	ب	س	ز	ي	ا	ي	ق	ص	ث
ن	ب	و	ش	د	ؤ	ت	د	ف	ب	ل	ط	إ	ي
ئ	ت	ض	ي	ؤ	ت	ئ	ة	و	ق	ا	د	ث	ر
ز	ح	ث	ة	ش	ص	م	ق	ت	ن	ف	ط	ظ	ي

زرافة
غوريلا
أسد
ذئب
يتحمل
خروف
قرد
ثور
فوكس
حمار وحشي

حوت
كلب
كنغر
سمور
حصان
أرنب
ذئب البراري
دولفين
الفيل
قط

94 - Arrampicata

و	ا	ض	س	ل	ى	س	ي	ر	ا	ض	ت	ل	ا
ص	س	ض	ع	ص	ئ	ك	ن	ك	ج	ظ	د	ى	ر
ئ	ت	ة	ا	خ	ق	ه	م	ف	إ	ض	ر	ث	ت
ق	ق	ت	ل	و	ض	ف	ل	ا	ي	ح	ي	م	ف
ض	ر	إ	غ	ذ	ض	س	و	ق	ر	ي	ب	خ	ا
ف	ا	ل	ل	ة	ق	ز	و	ف	ص	آ	و	ر	ع
د	ر	ا	ا	ث	ض	ة	ب	ا	ص	إ	ف	ي	و
غ	ث	ط	ف	ا	ئ	ة	ا	ز	ص	ق	ي	ط	ي
خ	ة	ض	ا	ق	ح	ز	ئ	ا	ت	ا	أ	ة	ز
ذ	ك	آ	ل	ة	ة	ك	ش	ت	ة	ح	ط	د	ط
ز	ص	ي	ج	ن	إ	خ	ئ	و	ذ	ي	ن	د	ب
ئ	ت	ك	و	ؤ	خ	ت	ا	ي	د	ح	ت	ل	ا
ئ	ا	ل	ي	د	ى	د	ة	إ	ق	ع	خ	ل	ى
م	ؤ	آ	ل	ب	ظ	ف	ت	ص	ط	ا	ش	ث	ف

ارتفاع
الغلاف الجوي
خوذة
الفضول
خبير
بدني
تدريب
قوة
كهف

قفازات
إصابة
خريطة
التحديات
استقرار
أحذية
ضيق
التضاريس

95 - Animali Domestici

س	ا	ك	و	ئ	ط	ر	و	ك	م	س	م	س	ظ
ث	ل	ن	ت	ع	ج	ب	ض	ف	س	ل	ا	ع	ج
ق	ك	ب	ا	ؤ	ؤ	ا	ز	د	ق	ح	ء	ف	خ
ر	ف	م	د	ز	ط	ط	غ	ن	ط	ف	ث	أ	ش
ض	و	ظ	و	ن	ص	ؤ	ر	ظ	خ	ا	ص	ر	ط
ع	ف	ش	ى	ظ	م	ذ	ظ	ب	ك	ة	د	ب	آ
ب	ا	ف	ل	آ	خ	ء	ا	غ	ب	ب	ي	د	ز
ي	ئ	ث	ج	ث	ا	ط	ط	د	ر	ب	ث	و	ظ
ض	آ	ر	ث	ب	ل	ك	خ	ق	ب	ز	ع	ا	م
ي	ى	ط	إ	م	ب	ت	ذ	ي	ز	آ	ص	ظ	ط
ج	ل	ي	ذ	ج	ا	أ	ط	ب	ة	ي	ل	ح	س
ذ	ق	ة	ر	ق	ب	ر	ر	د	د	ش	ى	ط	ث
خ	د	و	ى	ا	ي	ن	ق	ر	و	ذ	خ	آ	خ
ة	ر	ي	ر	ه	ا	ب	ق	آ	خ	ق	و	ط	ي

قط
رباط
سحلية
بقرة
ببغاء
سمك
سلحفاة
فأر
طبيب بيطري
الكفوف

ماء
مخالب
كلب
ماعز
طعام
ذيل
طوق
أرنب
جرو
هريرة

96 - Cucina

ح	ن	ش	ر	ح	و	ع	ا	ء	ى	ق	ا	س	آ
غ	أ	ك	و	ا	ب	ص	ة	ط	ت	ت	ل	ط	إ
آ	ز	ب	ا	ا	ع	ل	ف	ؤ	ث	و	م	ض	ل
ر	ع	ظ	م	ل	ي	ج	ر	ة	ظ	غ	ل	ى	ط
ص	ؤ	ب	ح	ش	د	ة	ن	ب	ظ	ئ	ا	ا	ط
غ	ك	ؤ	ت	و	ا	ب	ل	ع	ذ	م	ع	ز	ع
ي	ل	ئ	ص	ك	ن	غ	ل	ا	ي	ة	ق	د	ك
ح	ك	ش	ة	ض	ة	م	ج	م	د	ج	ؤ	إ	ط
س	ك	ا	ك	ي	ن	ن	غ	ش	إ	ط	ع	ا	م
ج	ل	ل	ة	غ	إ	د	ج	ر	س	ل	ز	ج	ئ
ث	ل	ا	ج	ة	ب	ي	ت	ط	ف	ا	ذ	ب	ز
ل	ة	و	غ	ح	ر	ل	م	و	ن	ة	آ	ف	ر
ز	ؤ	ك	ز	ض	ي	د	ر	ظ	ج	ب	غ	س	ش
إ	آ	إ	س	ة	ق	ص	ي	ذ	ر	م	ص	ف	ن

عيدان
غلاية
إبريق
طعام
وعاء
سكاكين
مجمد
الملاعق
الشوك
فرن

ثلاجة
مئزر
شواية
مغرفة
وصفة
توابل
إسفنج
أكواب
منديل
جرة

97 - Vacanze #2

ة	خ	ط	ب	ذ	ح	ن	ة	ي	ع	ق	ئ	إ	ت
د	ي	ج	و	ح	ف	ت	أ	ش	ي	ر	ة	و	ا
ي	م	ط	ع	م	ر	ض	ج	ت	ؤ	د	آ	ج	ك
ج	ة	ص	ق	ن	خ	غ	ن	ح	د	ن	ف	ه	س
و	ع	ط	ل	ة	ر	و	ب	د	ز	ز	ن	ة	ي
ا	ل	ت	ر	ف	ي	ه	ي	ش	ا	ك	د	ج	ز
ز	ى	خ	ح	م	ط	س	ق	ط	ا	ر	ق	ز	ع
س	ح	ي	ل	ص	ة	ش	ض	د	ا	ط	ز	ي	ا
ف	ي	ي	ة	ط	ت	د	ر	إ	ل	ل	ئ	ر	ئ
ر	د	م	ظ	خ	ج	ئ	غ	و	ن	ت	ص	ة	ي
ظ	إ	س	و	ر	ي	ق	ف	ى	ق	ر	ع	و	د
ش	ظ	ب	إ	ئ	ة	خ	ر	ض	ل	ي	ط	ل	ر
ك	ة	و	ا	ف	د	ؤ	إ	م	ز	ت	إ	ى	ة
غ	ن	ج	ث	س	م	ط	ا	ر	ى	ح	ف	ص	ى

مطار
تخييم
وجهة
الصور
فندق
جزيرة
خريطة
بحر
جواز سفر
مطعم
شاطئ
أجنبي
تاكسي
الترفيه
خيمة
النقل
قطار
عطلة
رحلة
تأشيرة

98 - Attività

ش	ؤ	ف	ن	ق	ا	ل	ح	ر	ف	ا	ى	ز	ع
ا	ى	ف	ش	ع	ل	د	ة	خ	ن	ل	ر	ق	و
ا	ل	ر	ع	ك	أ	ف	ن	ف	ت	م	ض	س	ؤ
س	م	ص	ظ	م	ل	ب	ص	ف	ى	ص	آ	د	ل
ئ	ل	ر	ي	آ	غ	م	ت	ع	ة	ا	م	ا	خ
ا	ق	ص	ي	د	ا	ل	س	م	ك	ل	ه	ي	ب
س	ج	ض	ق	آ	ز	د	ح	ط	ح	ح	ا	ا	س
ت	خ	ي	ي	م	ذ	س	ر	ز	ن	ض	ر	ل	ت
ر	ص	ا	ل	ت	ر	ف	ي	ه	ع	ق	ة	ل	ن
خ	د	و	خ	ص	ا	ا	ئ	ر	ث	ر	ى	و	ة
ا	ن	ل	ي	خ	ل	ن	أ	ل	ع	ا	ب	ح	ا
ء	ظ	ط	ا	ر	ر	إ	ش	ذ	ن	ء	ب	ة	د
ط	ئ	و	ط	ذ	ق	إ	ا	ا	ف	ة	ص	ط	م
و	ؤ	ئ	ة	إ	ص	ب	ئ	ز	ط	ظ	ف	م	ج

مهارة
فن
الحرف
نشاط
الصيد
تخييم
خياطة
الرقص
تصوير
بستنة

ألعاب
المصالح
قراءة
سحر
صيد السمك
متعة
اللوحة
الألغاز
استرخاء
الترفيه

99 - Forniture Artistiche

س	ى	إ	ب	د	ا	ع	د	غ	و	ك	ا	أ	ح
ا	ر	ى	خ	إ	ف	ل	ف	ر	ش	ا	و	ق	ج
ج	م	ا	ء	ة	أ	ظ	أ	ح	ك	م	ؤ	ل	ز
ز	ا	ل	أ	ف	ك	ا	ر	ل	ب	ي	ز	ا	ا
غ	ر	ب	ى	ك	ر	ر	ب	ش	و	ر	ق	م	خ
ض	ض	ا	ذ	ط	ي	ن	س	ا	ق	ا	خ	ا	ج
ذ	ا	س	س	ا	ل	غ	م	ي	ذ	ؤ	ن	ل	م
ط	ذ	ت	س	س	ي	د	ز	و	آ	ز	ج	ر	ر
ن	ف	ي	ا	ؤ	ك	س	ل	ؤ	ل	ا	س	ص	ع
ل	ا	ل	ح	ا	م	ل	ع	إ	ت	ص	ل	ا	ي
أ	ل	و	ا	ن	م	ا	ئ	ي	ة	ب	ش	ص	ف
ض	ت	ض	ذ	ا	ح	ن	ف	ط	ع	غ	ف	ب	ي
ث	ث	غ	ؤ	ط	ا	و	ل	ة	غ	د	ح	ن	غ
ع	ر	ق	د	ئ	ة	ئ	ك	د	إ	ص	م	غ	ع

ماء
ألوان مائية
أكريليك
طين
فحم
ورق
الحامل
صمغ
الألوان
إبداع

ممحاة
الأفكار
حبر
أقلام الرصاص
نفط
الباستيل
كرسي
فرش
طاولة
كاميرا

100 - Misurazioni

ن	ذ	آ	ز	ع	ص	ن	ش	ع	ك	ث	د	م	ص
ت	ض	ض	ظ	د	ش	ا	ل	ط	و	ل	ذ	س	ل
م	ذ	خ	ك	ق	ت	ر	ب	و	ص	ة	ح	غ	خ
ت	خ	ب	ا	ي	ت	ك	ي	ل	و	غ	ر	ا	م
ر	ر	ش	ج	ق	ل	ا	ر	ت	ف	ا	ع	ل	د
ح	ش	ب	آ	ة	أ	و	ق	ي	ة	ل	ن	ت	ص
د	ب	ى	ل	ع	ى	ك	م	غ	ج	ص	ع	ر	ئ
و	إ	ئ	س	خ	ب	ج	إ	ت	ض	و	ة	ب	ب
ف	و	ز	ن	ص	ف	ل	ت	ر	ر	ت	ض	غ	س
ث	ر	ط	ت	خ	ث	خ	ث	ص	ق	خ	ك	ط	ن
ى	م	ع	ي	خ	ة	غ	ى	ة	ص	ج	ت	آ	ف
ذ	ح	ر	م	غ	ط	ق	ث	غ	ر	ا	م	ظ	ل
ت	و	ض	ت	ق	ش	ت	ت	ب	ع	ج	ب	ث	د
ح	ن	ش	ر	ج	ج	غ	د	ر	ج	ة	ن	إ	ة

ارتفاع
بايت
سنتيمتر
كيلوغرام
كيلومتر
عشري
درجة
غرام
عرض
لتر

الطول
متر
دقيقة
أوقية
وزن
نصف لتر
بوصة
عمق
طن
الصوت

1 - Scacchi

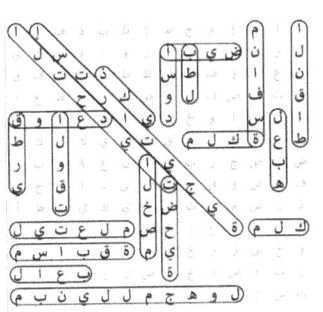

2 - Aggettivi #2

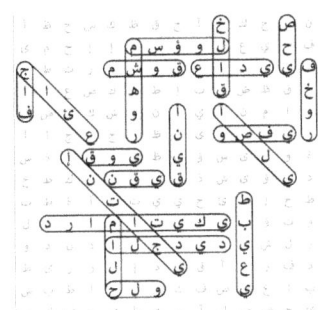

3 - Pesca

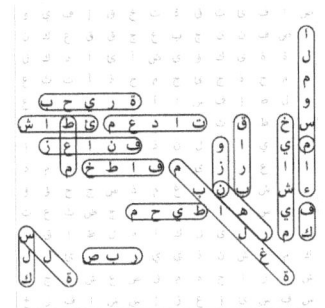

4 - Aggettivi #1

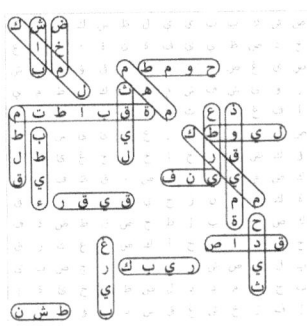

5 - Geologia

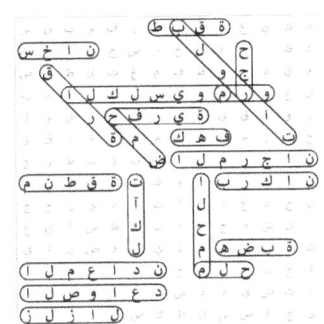

6 - Campeggio

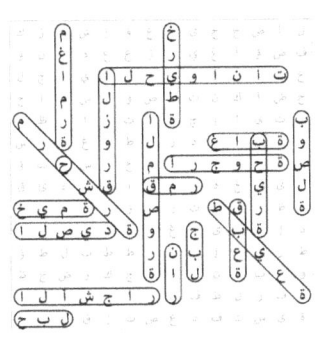

7 - Arti Visive

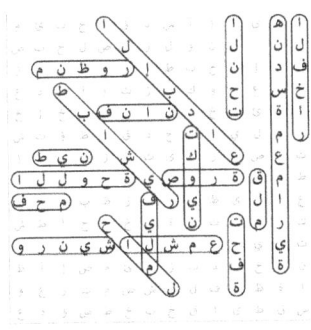

8 - Esplorazione

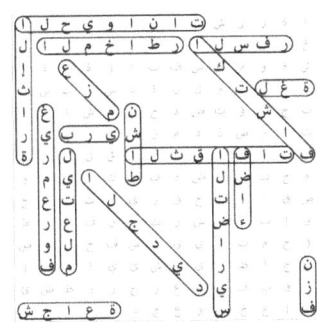

9 - Tempo

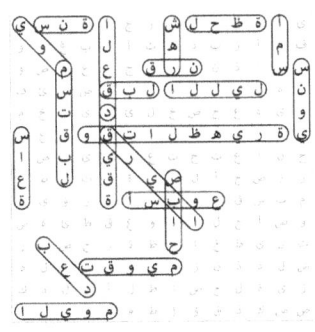

10 - Autunno

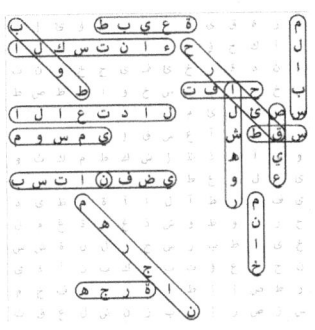

11 - Astronomia

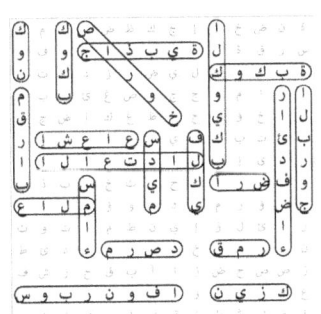

12 - Circo

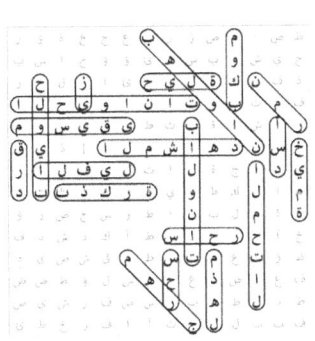

13 - Mitologia

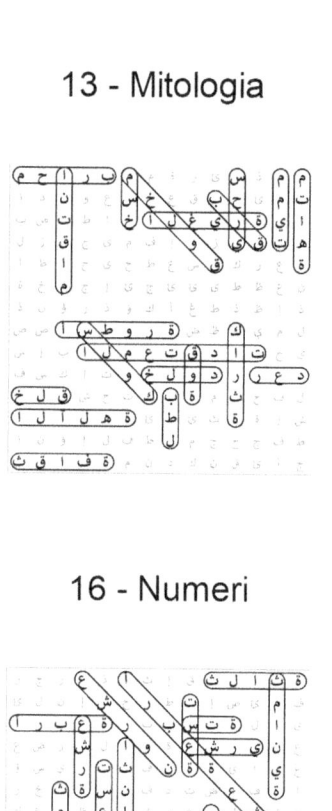

14 - Piante

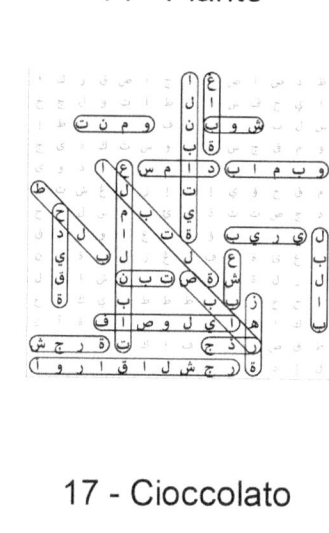

15 - Spezie

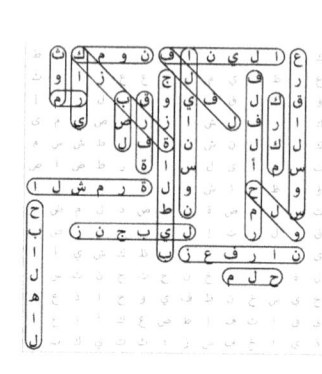

16 - Numeri

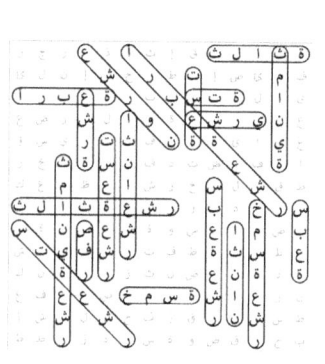

17 - Cioccolato

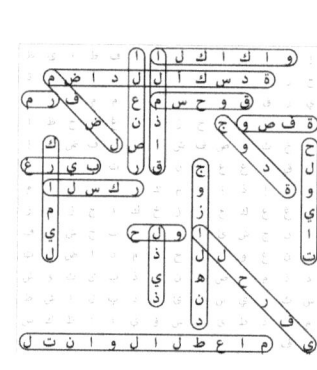

18 - Guida

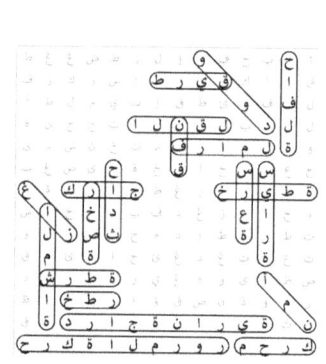

19 - Sport

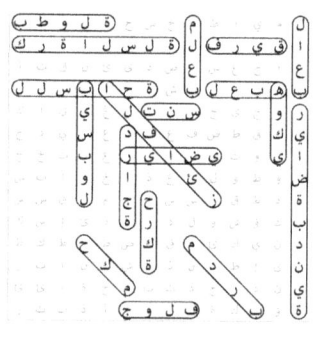

20 - Giocattoli

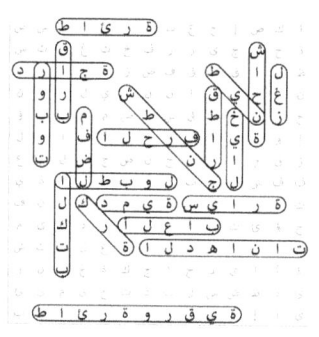

21 - Uccelli

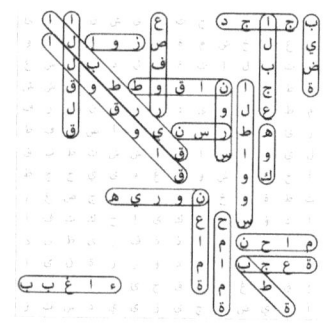

22 - Giorni e Mesi

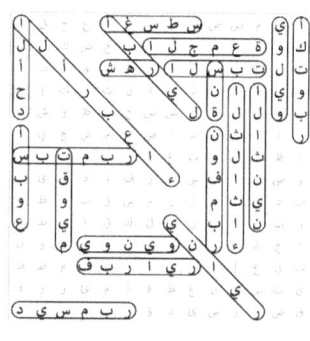

23 - Casa

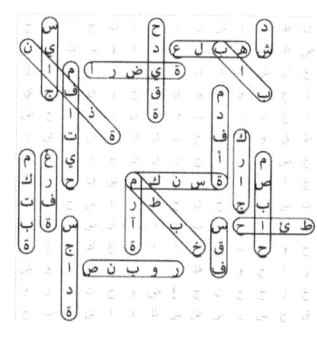

24 - Ristorante #1

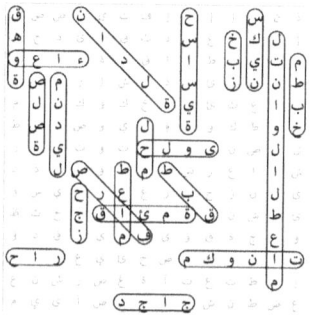

25 - Fantascienza

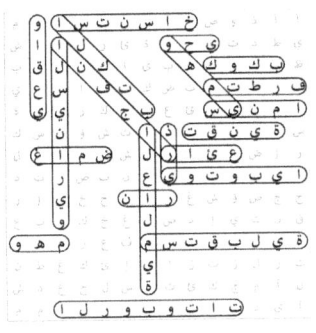

26 - Città

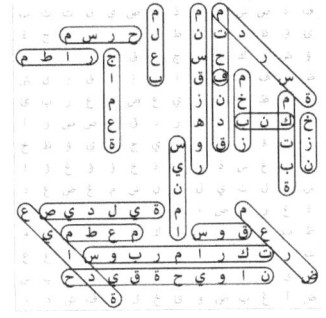

27 - Virtù #1

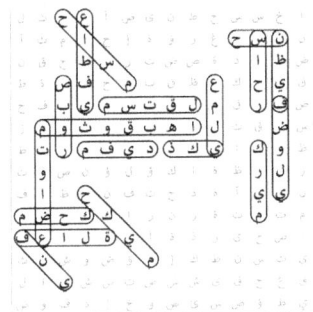

28 - Compleanno

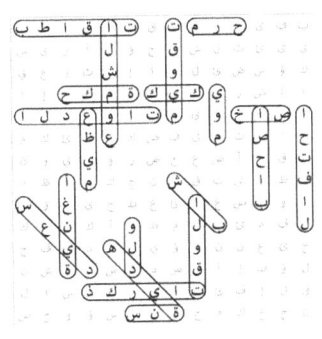

29 - Fattoria #1

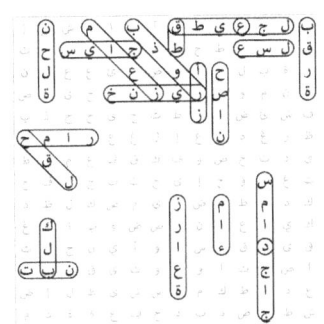

30 - Paesaggi

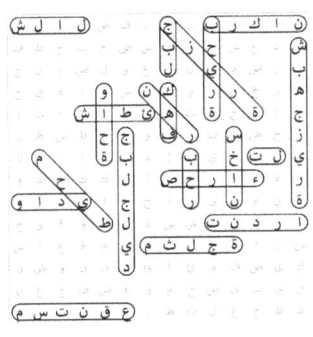

31 - Ristorante #2

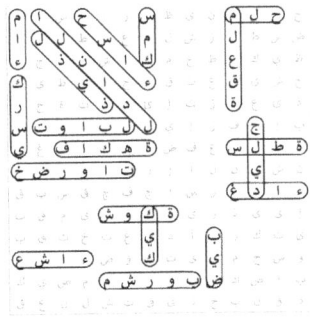

32 - Giardino

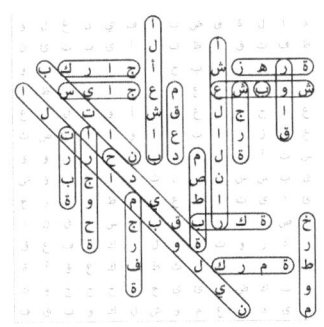

33 - Frutta

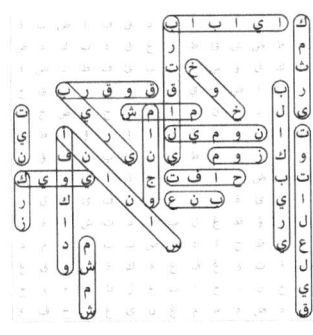

34 - Fattoria #2

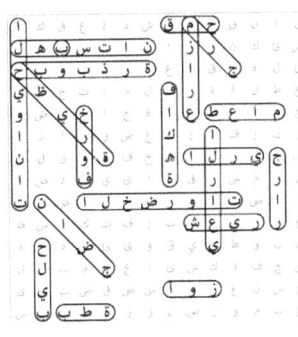

35 - Dinosauri

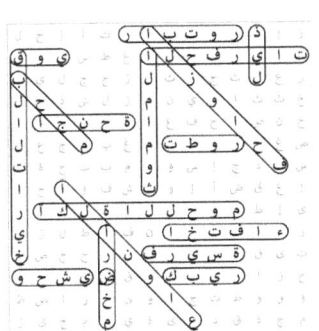

36 - Verdure

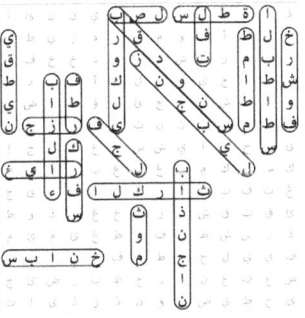

37 - Scuola #2

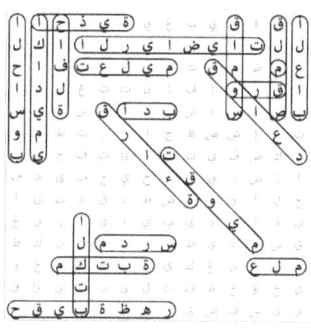

38 - Gentilezza

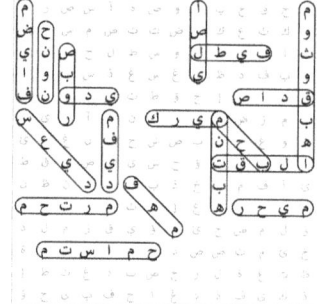

39 - Barbecue

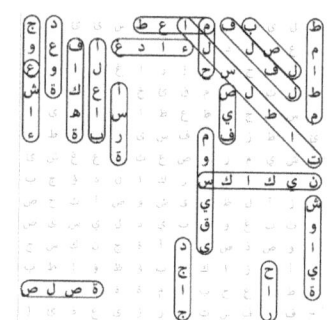

40 - Riempire

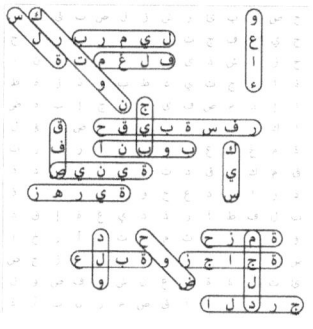

41 - Insetti

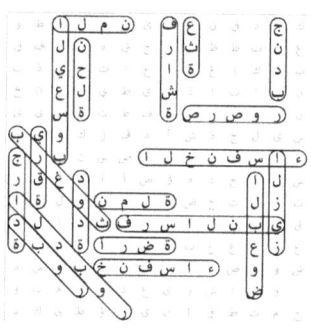

42 - Erboristeria

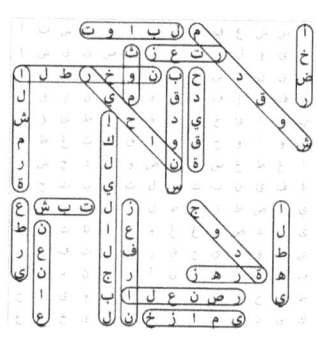

43 - Danza

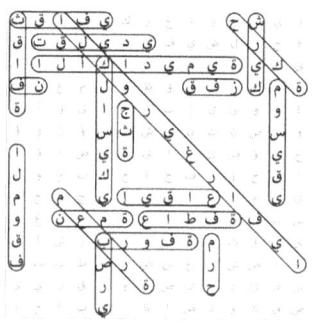

44 - Commedia

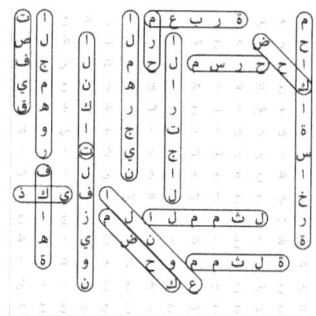

45 - Scuola #1

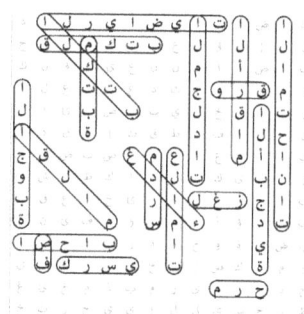

46 - Fiori

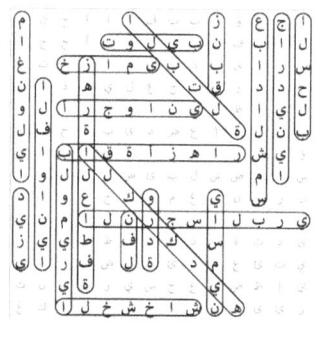

47 - Ecologia

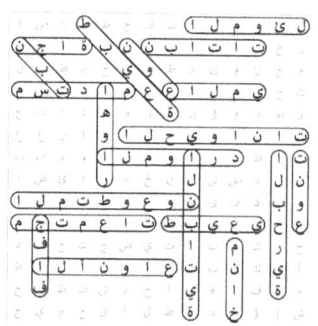

48 - Discipline Scientifiche

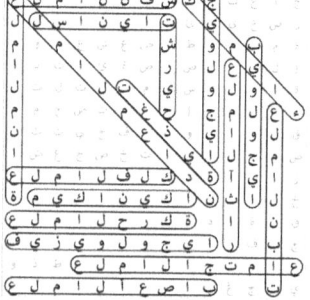

49 - Scienza

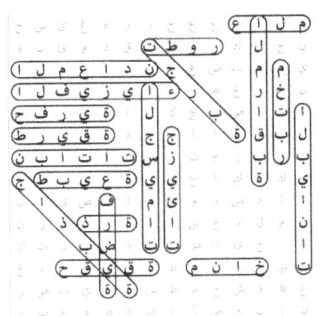

50 - Acqua

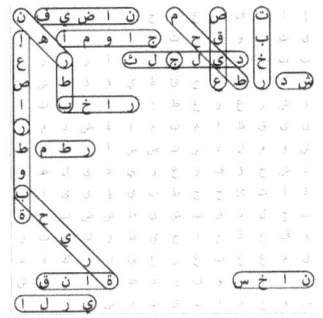

51 - Gatti

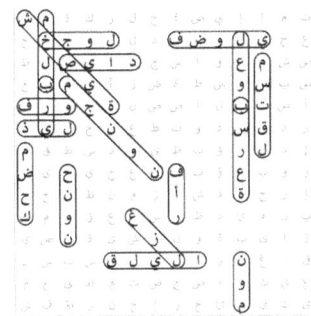

52 - Surf

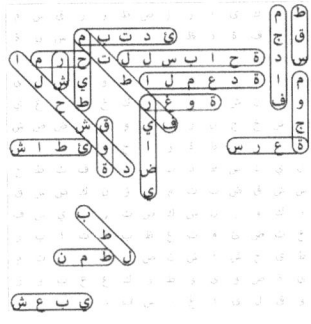

53 - Imbarcazioni

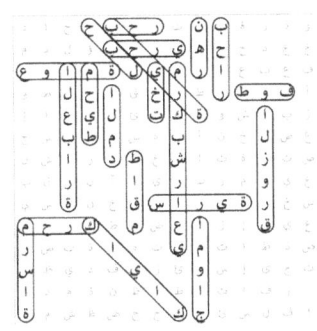

54 - Api

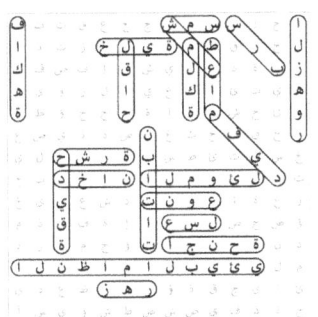

55 - Conservazione

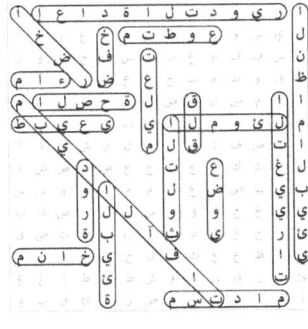

56 - Strumenti Musicali

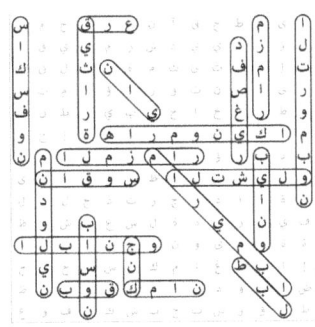

57 - Professioni #2

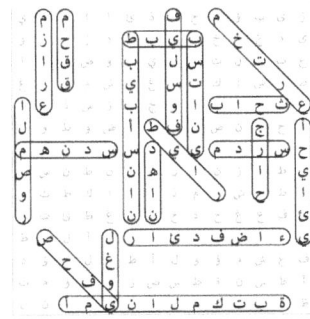

58 - Letteratura

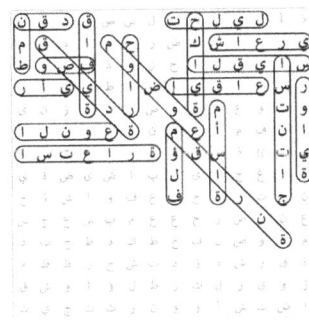

59 - Cibo #2

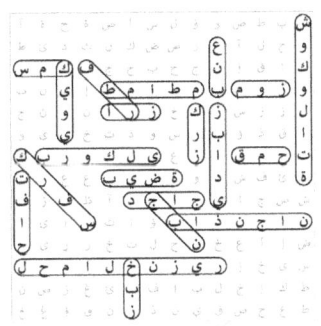

60 - Nutrizione

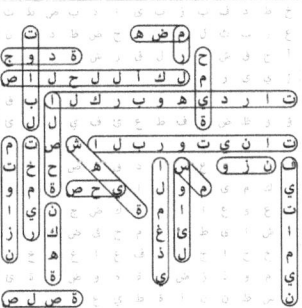

61 - Matematica

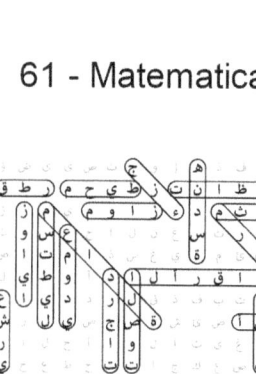

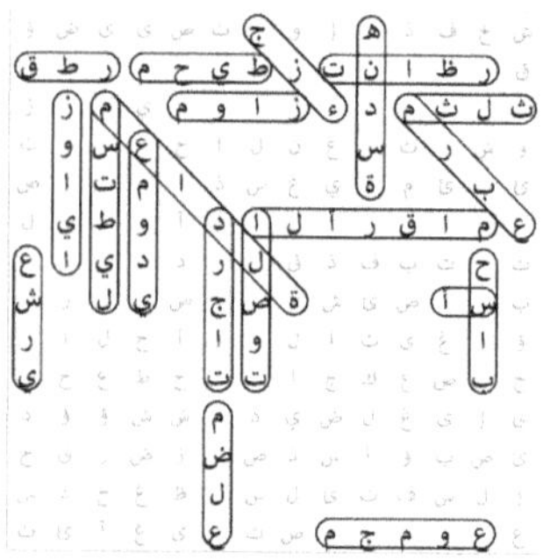

62 - Meditazione

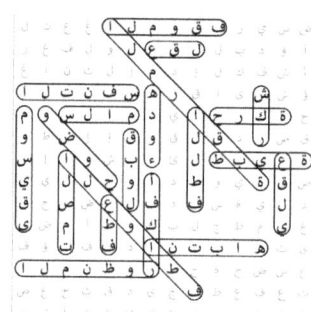
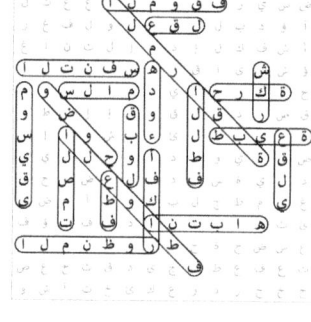

63 - Estate

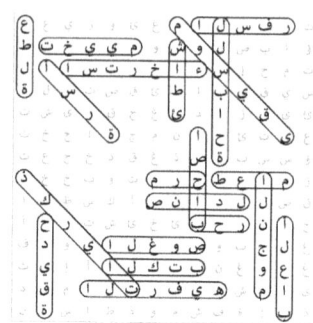

64 - Escursionismo

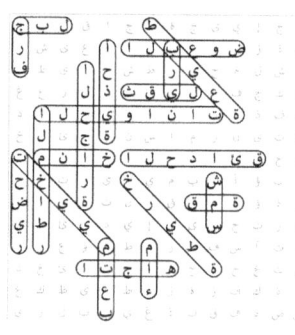

65 - Professioni #1

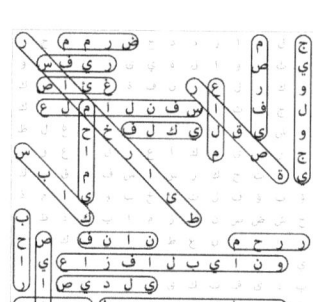

66 - Antartide

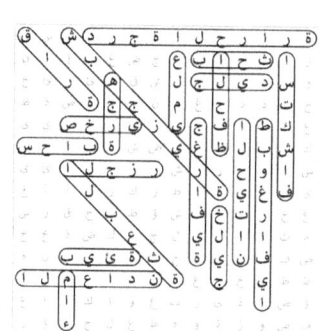

67 - Libri

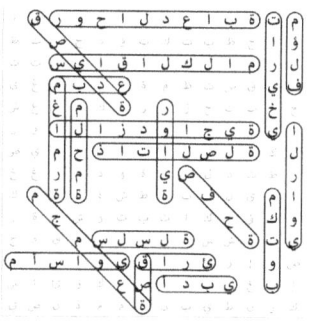

68 - Geografia

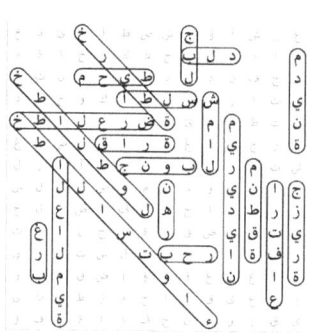

69 - Cibo #1

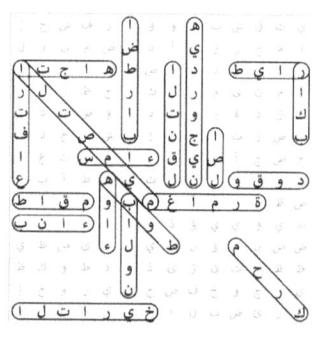

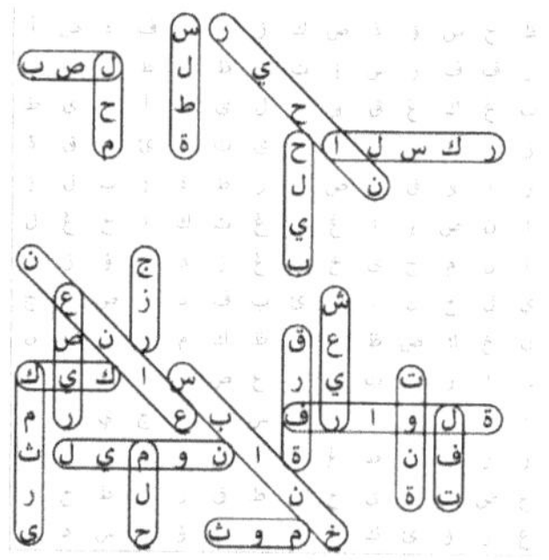

70 - Aeroplani

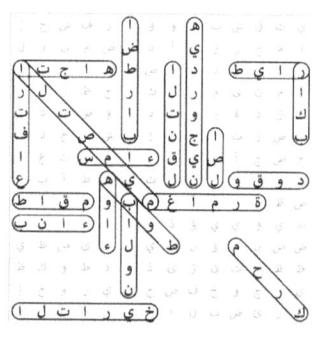

71 - Pirati

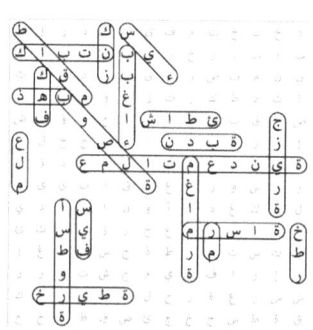

72 - Colori

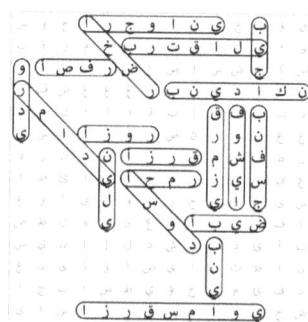

73 - Spiaggia

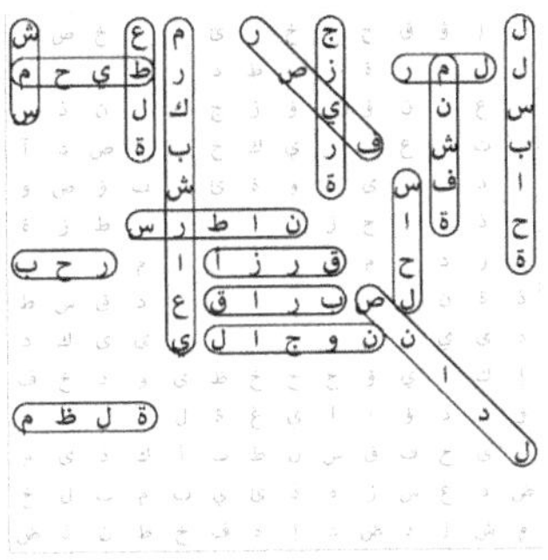

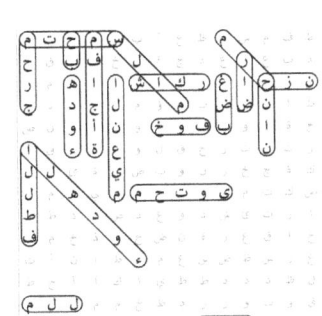

74 - Avventura

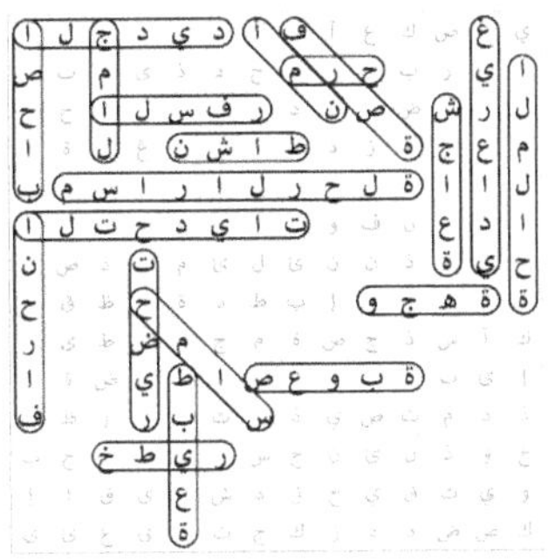

75 - Forme

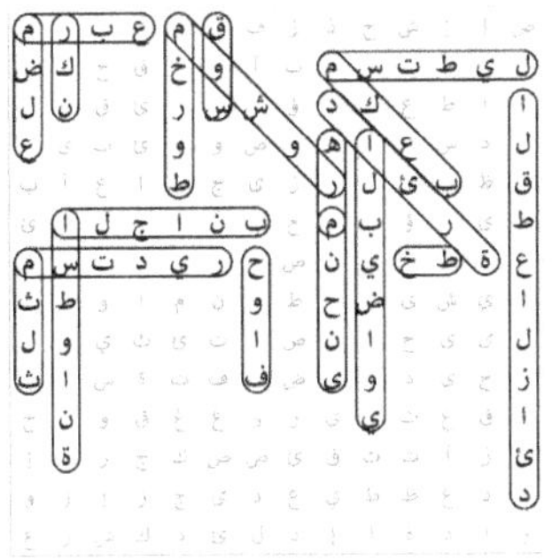

76 - Oceano

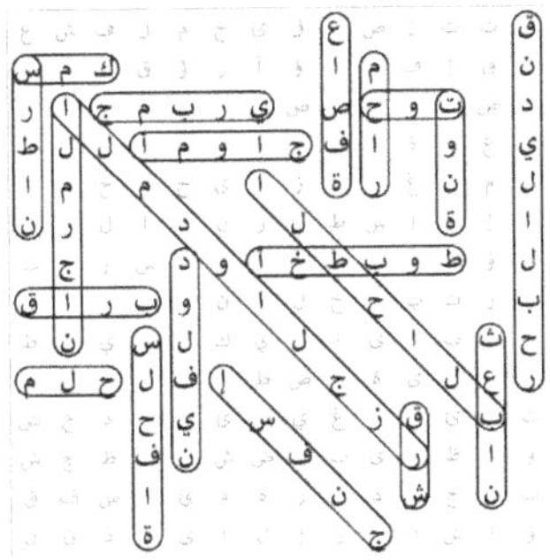

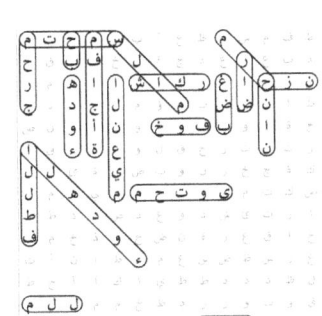

77 - Famiglia

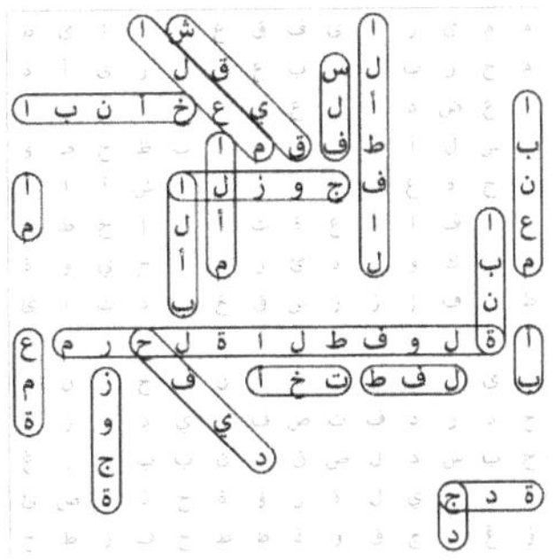

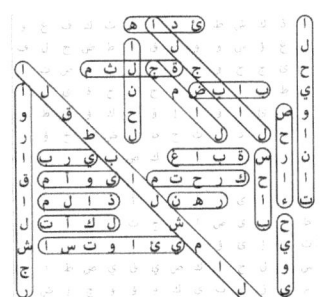

78 - Veicoli

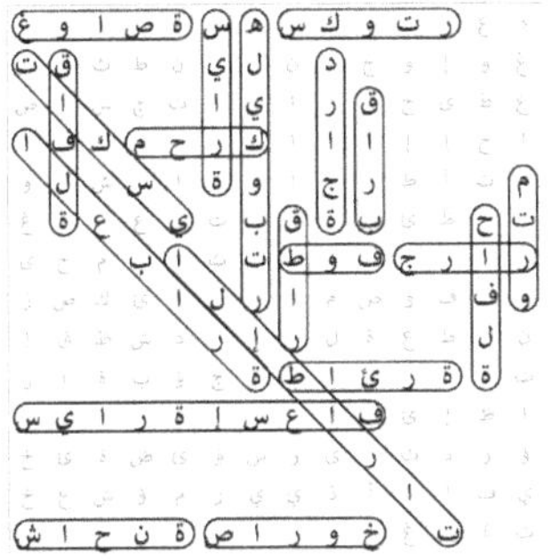

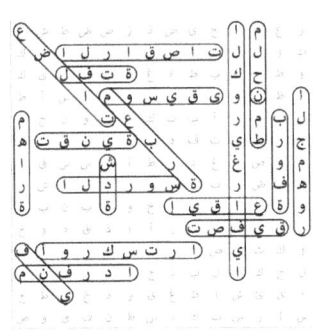

79 - Emozioni

80 - Natura

81 - Balletto

82 - Castelli

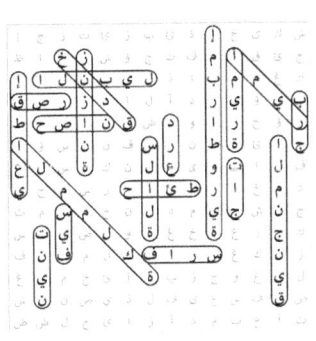

83 - Foresta Pluviale

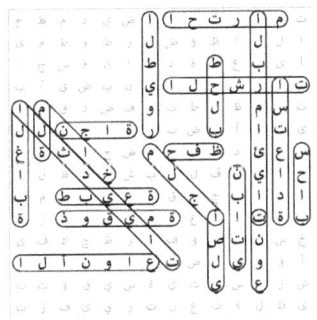

84 - Edifici

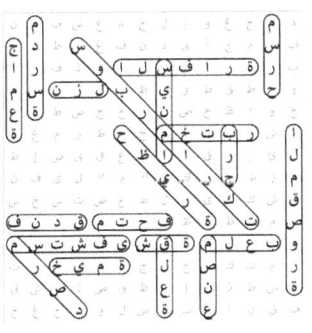

85 - Paesi #2

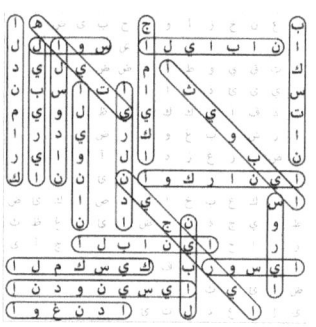

86 - Tipi di Capelli

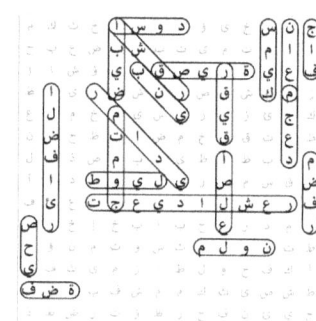

87 - Vestiti

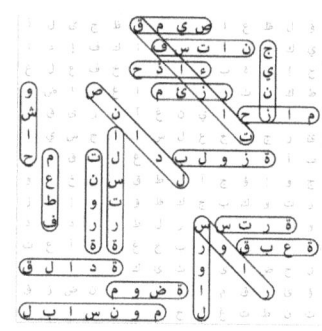

88 - Attività e Tempo Libero

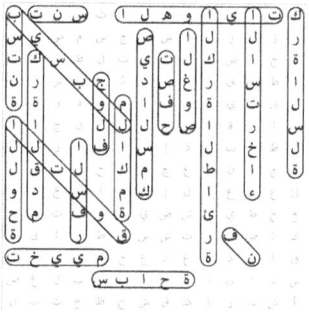

89 - Tecnologia

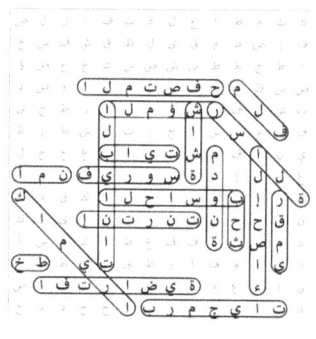

90 - Arte

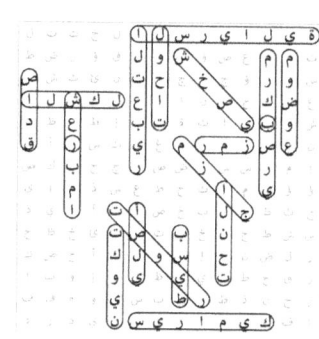

91 - Meteo

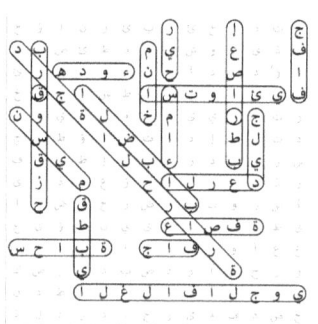

92 - Corpo Umano

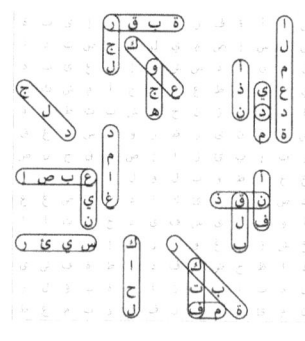

93 - Mammiferi

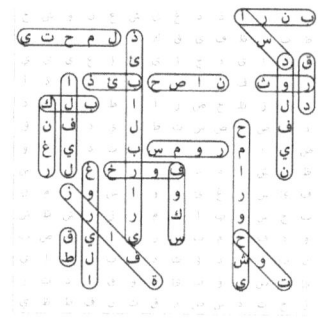

94 - Arrampicata

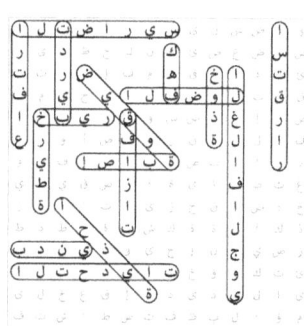

95 - Animali Domestici

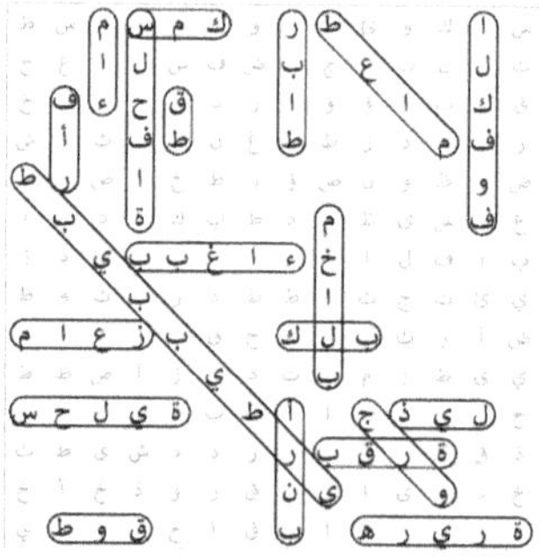

96 - Cucina

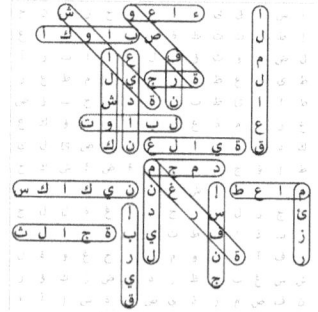

97 - Vacanze #2

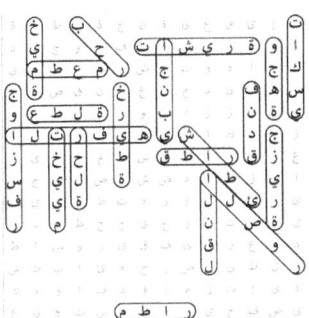

98 - Attività

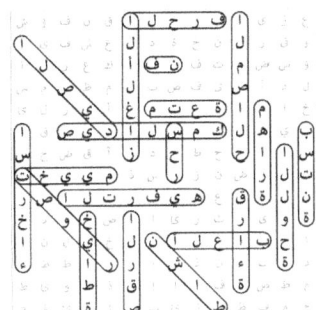

99 - Forniture Artistiche

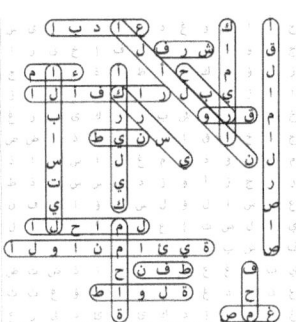

100 - Misurazioni

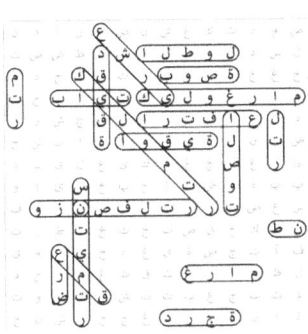

Dizionario

Acqua
الماء

Alluvione	فيضان
Canale	قناة
Doccia	دش
Evaporazione	تبخر
Fiume	نهر
Gelo	صقيع
Geyser	نخاس
Ghiaccio	جليد
Irrigazione	الري
Lago	بحيرة
Neve	ثلج
Oceano	محيط
Onde	أمواج
Pioggia	مطر
Umidità	رطوبة
Umido	رطب
Uragano	إعصار
Vapore	بخار

Aeroplani
الطائرات

Italiano	العربية
Altezza	ارتفاع
Aria	هواء
Atmosfera	الغلاف الجوي
Atterraggio	هبوط
Avventura	مغامرة
Carburante	وقود
Cielo	سماء
Costruzione	بناء
Design	التصميم
Direzione	اتجاه
Discesa	اصل
Equipaggio	طاقم
Idrogeno	هيدروجين
Motore	محرك
Navigare	للتنقل
Palloncino	بالون
Passeggero	راكب
Pilota	طيار
Storia	التاريخ
Turbolenza	اضطراب

Aggettivi #1
الصفات #1

Italiano	العربية
Ambizioso	طموح
Aromatico	عطري
Artistico	فني
Assoluto	مطلق
Attivo	نشط
Enorme	ضخم
Esotico	غريب
Generoso	كريم
Giovane	شاب
Grande	كبير
Identico	متطابقة
Importante	مهم
Lento	بطيء
Lungo	طويل
Moderno	حديث
Onesto	صادق
Perfetto	كامل
Pesante	ثقيل
Prezioso	ذو قيمة
Sottile	رقيق

Aggettivi #2
الصفات #2

Italiano	العربية
Affamato	جائع
Asciutto	جاف
Autentico	يلي أصل
Creativo	خلاق
Descrittivo	وصفي
Dolce	حلو
Drammatico	درامايكي
Elegante	أنيق
Famoso	مشهور
Forte	قوي
Interessante	مشوق
Naturale	طبيعي
Normale	عادي
Nuovo	الجديد
Orgoglioso	فخور
Produttivo	إنتاجي
Puro	يقن
Responsabile	مسؤول
Salato	مالح
Sano	صحي

Animali Domestici
الحيوانات الأليفة

Italiano	العربية
Acqua	ماء
Artigli	مخالب
Cane	كلب
Capra	ماعز
Cibo	طعام
Coda	ذيل
Collare	طوق
Coniglio	أرنب
Cucciolo	جرو
Gattino	هريرة
Gatto	قط
Guinzaglio	رباط
Lucertola	يةحلس
Mucca	بقرة
Pappagallo	ببغاء
Pesce	سمك
Tartaruga	سلحفاة
Topo	فأر
Veterinario	طبيب بيطري
Zampe	الكفوف

Antartide
القارة القطبية الجنوبية

Italiano	العربية
Acqua	ماء
Ambiente	بيئة
Baia	خليج
Balene	الحيتان
Conservazione	الحفظ
Continente	قارة
Esplorazione	استكشاف
Geografia	جغرافية
Ghiaccio	جليد
Isole	الجزر
Migrazione	هجرة
Minerali	المعادن
Nuvole	سحاب
Penisola	شبه جزيرة
Ricercatore	باحث
Roccioso	صخري
Scientifico	علمي
Spedizione	البعثة
Temperatura	درجة الحرارة
Topografia	طبوغرافيا

Api
النحل

Ali	أجنحة
Alveare	خلية
Benefico	مفيد
Cera	شمع
Cibo	طعام
Diversità	تنوع
Ecosistema	النظام البيئي
Fiori	الزهور
Fiorire	زهر
Frutta	فاكهة
Fumo	دخان
Giardino	حديقة
Habitat	الموئل
Insetto	حشرة
Miele	عسل
Piante	نباتات
Polline	لقاح
Regina	ملكة
Sciame	سرب
Sole	شمس

Arrampicata
التسلق

Altitudine	ارتفاع
Atmosfera	الغلاف الجوي
Casco	خوذة
Curiosità	الفضول
Esperto	خبير
Fisico	بدني
Formazione	تدريب
Forza	قوة
Grotta	كهف
Guanti	قفازات
Lesione	إصابة
Mappa	خريطة
Sfide	التحديات
Stabilità	استقرار
Stivali	أحذية
Stretto	ضيق
Terreno	التضاريس

Arte
الفن

Ceramica	سيراميك
Complesso	مركب
Composizione	تكوين
Dipinti	لوحات
Espressione	التعبير
Figura	الشكل
Ispirato	ربما
Onesto	صادق
Originale	أصلي
Personale	شخصي
Poesia	شعر
Ritrarre	تصوير
Scultura	النحت
Semplice	بسيط
Simbolo	رمز
Soggetto	موضوع
Surrealismo	السريالية
Umore	مزاج
Visivo	بصري

Arti Visive
الفنون البصرية

Architettura	هندسة معمارية
Argilla	طين
Artista	فنان
Capolavoro	تحفة
Carbone	فحم
Cavalletto	حامل
Cera	الشمع
Ceramica	الفخار
Composizione	تكوين
Creatività	الإبداع
Film	فيلم
Gesso	طباشير
Penna	قلم
Pittura	اللوحة
Prospettiva	منظور
Ritratto	صورة
Scultura	النحت
Vernice	ورنيش

Astronomia
علم الفلك

Asteroide	الكويكب
Astronauta	رائد فضاء
Astronomo	فلكي
Cielo	سماء
Cosmo	عالم
Costellazione	كوكبة
Equinozio	الاعتدال
Gravità	جاذبية
Luna	قمر
Meteora	نيزك
Nebulosa	سديم
Osservatorio	مرصد
Pianeta	كوكب
Radiazione	إشعاع
Razzo	صاروخ
Supernova	سوبرنوفا
Telescopio	مقراب
Terra	أرض
Universo	كون
Zodiaco	البروج

Attività
الأنشطة

Abilità	مهارة
Arte	فن
Artigianato	الحرف
Attività	نشاط
Caccia	الصيد
Campeggio	تخييم
Cucire	خياطة
Danza	الرقص
Fotografia	تصوير
Giardinaggio	بستنة
Giochi	ألعاب
Interessi	المصالح
Lettura	قراءة
Magia	سحر
Pesca	صيد السمك
Piacere	متعة
Pittura	اللوحة
Puzzle	الألغاز
Rilassamento	استرخاء
Tempo Libero	الترفيه

Attività e Tempo Libero
الأنشطة والترفيه

Arte	فن
Baseball	بيسبول
Basket	كرة السلة
Boxe	ملاكمة
Calcio	كرة القدم
Campeggio	تخييم
Giardinaggio	بستنة
Golf	جولف
Hobby	الهوايات
Immersione	الغوص
Nuoto	سباحة
Pallavolo	الكرة الطائرة
Pesca	صيد السمك
Pittura	اللوحة
Rilassante	الاسترخاء
Shopping	التسوق
Surf	تصفح
Tennis	تنس
Viaggio	السفر

Autunno
الخريف

Abbigliamento	ملابس
Castagne	الكستناء
Clima	مناخ
Deciduo	نفضي
Equinozio	الاعتدال
Festival	مهرجان
Frutteto	بستان
Gelo	صقيع
Ghianda	بلوط
Incendi	حرائق
Mele	تفاح
Mesi	الشهور
Meteo	طقس
Migrazione	هجرة
Natura	طبيعة
Stagionale	موسمي

Avventura
مغامرة

Amici	اصحاب
Attività	نشاط
Bellezza	جمال
Caso	فرصة
Coraggio	شجاعة
Destinazione	وجهة
Difficoltà	صعوبة
Entusiasmo	حماس
Escursione	انحراف
Gioia	مرح
Insolito	غير عادي
Itinerario	مسار الرحلة
Natura	طبيعة
Navigazione	الملاحة
Nuovo	الجديد
Pericoloso	خطير
Preparazione	تحضير
Sfide	التحديات
Sicurezza	أمن
Viaggi	السفر

Balletto
باليه

Abilità	مهارة
Applauso	تصفيق
Artistico	فني
Assolo	منفردا
Ballerini	الراقصات
Compositore	ملحن
Coreografia	الكوريغرافيا
Espressivo	معبرة
Gesto	لفتة
Intensità	شدة
Lezioni	الدروس
Muscoli	عضلات
Musica	موسيقى
Orchestra	أوركسترا
Prova	بروفة
Pubblico	الجمهور
Ritmo	إيقاع
Stile	نمط
Tecnica	تقنية

Barbecue
حفلات الشواء

Caldo	حار
Cena	عشاء
Cibo	طعام
Cipolle	بصل
Coltelli	سكاكين
Estate	صيف
Fame	جوع
Famiglia	أسرة
Frutta	فاكهة
Giochi	ألعاب
Griglia	شواية
Insalate	السلطات
Invito	دعوة
Musica	موسيقى
Pepe	فلفل
Pollo	دجاج
Pomodori	طماطم
Pranzo	غداء
Sale	ملح
Salsa	صلصة

Campeggio
عسكرة

Alberi	الأشجار
Amaca	أرجوحة
Animali	الحيوانات
Avventura	مغامرة
Bussola	بوصلة
Cabina	المقصورة
Caccia	الصيد
Canoa	الزورق
Cappello	قبعة
Corda	حبل
Divertimento	مرح
Foresta	غابة
Fuoco	نار
Insetto	حشرة
Lago	بحيرة
Luna	قمر
Mappa	خريطة
Montagna	جبل
Natura	طبيعة
Tenda	خيمة

Casa
منزل

Attico	عليه
Biblioteca	مكتبة
Camera	غرفة
Camino	مدفأة
Chiavi	مفاتيح
Cucina	مطبخ
Doccia	دش
Finestra	نافذة
Garage	كراج
Giardino	حديقة
Lampada	مصباح
Parete	حائط
Pavimento	أرضية
Porta	باب
Recinto	سياج
Rubinetto	صنبور
Scopa	مكنسة
Specchio	مرآة
Tappeto	سجادة
Tetto	سقف

Castelli
القلاع

Armatura	درع
Catapulta	المنجنيق
Cavaliere	فارس
Cavallo	حصان
Corona	تاج
Dinastia	سلالة
Drago	تنين
Dungeon	زنزانة
Feudale	إقطاعي
Fossato	خندق
Impero	إمبراطورية
Nobile	النبيل
Palazzo	قصر
Parete	حائط
Principe	أمير
Principessa	أميرة
Regno	المملكة
Spada	سيف
Torre	برج

Cibo #1
الغذاء #1

Aglio	ثوم
Basilico	ريحان
Cannella	قرفة
Carne	لحم
Carota	جزر
Cipolla	بصل
Fragola	فراولة
Insalata	سلطة
Latte	حليب
Limone	ليمون
Menta	نعناع
Orzo	شعير
Pera	كمثرى
Rapa	لفت
Sale	ملح
Spinaci	سبانخ
Succo	عصير
Tonno	تونة
Torta	كيك
Zucchero	السكر

Cibo #2
الغذاء #2

Banana	موز
Broccolo	بروكلي
Ciliegia	كرز
Cioccolato	شوكولاتة
Formaggio	جبن
Fungo	فطر
Grano	قمح
Kiwi	كيوي
Mela	تفاح
Melanzana	باذنجان
Pane	خبز
Pesce	سمك
Pollo	دجاج
Pomodoro	طماطم
Prosciutto	لحم الخنزير
Riso	أرز
Sedano	كرفس
Uovo	بيضة
Uva	عنب
Yogurt	زبادي

Cioccolato
شوكولاتة

Amaro	مر
Antiossidante	مضاد للأكسدة
Artigianale	الحرفي
Cacao	الكاكاو
Caramella	حلويات
Caramello	كراميل
Delizioso	لذيذ
Dolce	حلو
Esotico	غريب
Gusto	المذاق
Ingrediente	العنصر
Mangiare	لتناول الطعام
Noce di Cocco	جوز الهند
Polvere	مسحوق
Preferito	مفضل
Qualità	جودة
Ricetta	وصفة
Zucchero	السكر

Circo
سيرك

Acrobata	بهلوان
Animali	الحيوانات
Biglietto	تذكرة
Caramella	حلويات
Clown	مهرج
Costume	زي
Elefante	الفيل
Giocoliere	المحتال
Leone	أسد
Magia	سحر
Mago	ساحر
Musica	موسيقى
Palloncini	بالونات
Parata	موكب
Scimmia	قرد
Spettacolare	مذهل
Spettatore	المشاهد
Tenda	خيمة
Tigre	نمر
Trucco	حيلة

Città
مدينة

Aeroporto	مطار
Banca	بنك
Biblioteca	مكتبة
Cinema	سينما
Clinica	عيادة
Farmacia	صيدلية
Fiorista	منسق زهور
Galleria	معرض
Hotel	فندق
Mercato	سوق
Museo	متحف
Negozio	خزن
Panetteria	مخبز
Ristorante	مطعم
Scuola	مدرسة
Stadio	ملعب
Supermercato	سوبر ماركت
Teatro	مسرح
Università	جامعة
Zoo	حديقة حيوان

Colori
الألوان

Arancia	برتقالي
Azzurro	أزور
Beige	بيج
Bianco	أبيض
Blu	أزرق
Ciano	ازرق سماوي
Cremisi	قرمزي
Fucsia	فوشيا
Giallo	أصفر
Grigio	رمادي
Indaco	نيلي
Marrone	بني
Nero	أسود
Rosa	وردي
Rosso	أحمر
Seppia	بني داكن
Verde	أخضر
Viola	أرجواني
Viola	بنفسج

Commedia
كوميديا

Applauso	تصفيق
Attore	الممثل
Attrice	ممثلة
Clown	المهرجين
Divertente	مضحك
Divertimento	مرح
Espressivo	معبرة
Genere	النوع
Improvvisazione	الارتجال
Intelligente	ذكي
Parodia	محاكاة ساخرة
Pubblico	الجمهور
Risata	ضحك
Scherzi	النكات
Teatro	مسرح
Televisione	تلفزيون
Umorismo	فكاهة

Compleanno
عيد ميلاد

Amici	اصحاب
Anno	سنة
Calendario	تقويم
Candele	الشموع
Canzone	أغنية
Carte	بطاقات
Celebrazione	احتفال
Divertimento	مرح
Felice	سعيد
Giorno	يوم
Giovane	شاب
Grande	عظيم
Inviti	الدعوات
Nato	ولد
Regalo	هدية
Ricordi	ذكريات
Saggezza	حكمة
Speciale	خاص
Tempo	الوقت
Torta	كيك

Conservazione
الحفظ

Acqua	ماء
Ambientale	البيئة
Cambiamenti	التغييرات
Ciclo	دورة
Clima	مناخ
Ecosistema	النظام البيئي
Educazione	تعليم
Habitat	الموئل
Inquinamento	التلوث
Naturale	طبيعي
Organico	عضوي
Pesticida	مبيد الآفات
Preoccupazione	قلق
Riciclare	إعادة التدوير
Ridurre	خفض
Salute	الصحة
Sostenibile	مستدام
Verde	أخضر
Volontario	متطوع

Corpo Umano
جسم الإنسان

Bocca	فم
Caviglia	كاحل
Cervello	دماغ
Collo	رقبة
Cuore	قلب
Dito	إصبع
Faccia	وجه
Gamba	رجل
Ginocchio	ركبة
Gomito	كوع
Mano	يد
Mento	ذقن
Naso	أنف
Occhio	عين
Orecchio	أذن
Pelle	جلد
Sangue	دم
Spalla	كتف
Stomaco	المعدة
Testa	رئيس

Cucina
مطبخ

Bacchette	عيدان
Bollitore	غلاية
Brocca	إبريق
Cibo	طعام
Ciotola	وعاء
Coltelli	سكاكين
Congelatore	مجمد
Cucchiai	الملاعق
Forchette	الشوك
Forno	فرن
Frigorifero	ثلاجة
Grembiule	مئزر
Griglia	شواية
Mestolo	مغرفة
Ricetta	وصفة
Spezie	توابل
Spugna	إسفنج
Tazze	أكواب
Tovagliolo	منديل
Vaso	جرة

Danza
الرقص

Accademia	الأكاديمية
Arte	فن
Classico	كلاسيكي
Compagno	شريك
Coreografia	الكوريغرافيا
Corpo	جثة
Cultura	ثقافة
Culturale	ثقافي
Emozione	عاطفة
Espressivo	معبرة
Gioioso	مرح
Grazia	نعمة
Movimento	حركة
Musica	موسيقى
Postura	الموقف
Prova	بروفة
Ritmo	إيقاع
Salto	قفز
Tradizionale	تقليدي
Visivo	بصري

Dinosauri
الديناصورات

Ali	أجنحة
Coda	ذيل
Enorme	ضخم
Evoluzione	تطور
Fossili	الحفريات
Grande	كبير
Mammut	الماموث
Onnivoro	آكلة اللحوم
Potente	قوي
Preda	فريسة
Preistorico	قبل التاريخ
Rapace	رابتور
Rettile	الزواحف
Scomparsa	اختفاء
Specie	الأنواع
Taglia	بحجم
Terra	أرض
Vizioso	وحشي

Discipline Scientifiche
التخصصات العلمية

Anatomia	تشريح
Archeologia	علم الآثار
Astronomia	علم الفلك
Biologia	بيولوجيا
Botanica	علم النبات
Chimica	كيمياء
Ecologia	علم البيئة
Fisiologia	فيزيولوجيا
Geologia	جيولوجيا
Immunologia	علم المناعة
Kinesiologia	علم الحركة
Linguistica	لسانيات
Meccanica	ميكانيك
Mineralogia	علم المعادن
Neurologia	علم الأعصاب
Nutrizione	تغذية
Psicologia	علم النفس
Robotica	الروبوتات
Sociologia	علم الاجتماع
Zoologia	علم الحيوان

Ecologia
علم البيئة

Clima	مناخ
Comunità	مجتمعات
Diversità	تنوع
Fauna	الحيوانات
Flora	النباتية
Globale	عالمي
Habitat	الموئل
Marino	البحرية
Natura	طبيعة
Naturale	طبيعي
Palude	اهوار
Piante	نباتات
Risorse	الموارد
Siccità	جفاف
Sopravvivenza	نجاة
Sostenibile	مستدام
Specie	الأنواع
Varietà	نوع
Vegetazione	نبت
Volontari	المتطوعون

Edifici
المباني

Ambasciata	السفارة
Appartamento	شقة
Cabina	المقصورة
Castello	قلعة
Cinema	سينما
Fabbrica	مصنع
Fienile	حظيرة
Hotel	فندق
Laboratorio	مختبر
Museo	متحف
Ospedale	مستشفى
Osservatorio	مرصد
Ostello	نزل
Scuola	مدرسة
Stadio	ملعب
Supermercato	سوبر ماركت
Teatro	مسرح
Tenda	خيمة
Torre	برج
Università	جامعة

Emozioni
العواطف

Amore	حب
Beatitudine	النعيم
Calma	هدوء
Contenuto	محتوى
Eccitato	متحمس
Gentilezza	اللطف
Gioia	مرح
Grato	شاكر
Imbarazzato	محرج
Noia	ملل
Pace	سلام
Paura	خوف
Rabbia	غضب
Simpatia	ميل
Soddisfatto	راض
Sorpresa	مفاجأة
Tenerezza	حنان
Tranquillità	الهدوء
Tristezza	حزن

Erboristeria
الأعشاب

Aglio	ثوم
Aneto	شبت
Aromatico	عطري
Basilico	ريحان
Culinario	الطهي
Dragoncello	الطرخون
Finocchio	الشمرة
Fiore	زهرة
Giardino	حديقة
Ingrediente	العنصر
Lavanda	خزامى
Maggiorana	مردقوش
Menta	نعناع
Origano	توابل
Prezzemolo	بقدونس
Qualità	جودة
Rosmarino	إكليل الجبل
Timo	زعتر
Verde	أخضر
Zafferano	زعفران

Escursionismo
التنزه

Acqua	ماء
Animali	الحيوانات
Campeggio	تخييم
Clima	مناخ
Mappa	خريطة
Montagna	جبل
Natura	طبيعة
Orientamento	اتجاه
Parchi	الحدائق
Pericoli	المخاطر
Pesante	ثقيل
Pietre	الحجارة
Preparazione	تحضير
Scogliera	جرف
Selvaggio	بري
Sole	شمس
Stanco	متعب
Stivali	أحذية
Vertice	قمة
Zanzare	البعوض

Esplorazione
الاستكشاف

Animali	الحيوانات
Attività	نشاط
Coraggio	شجاعة
Culture	الثقافات
Determinazione	عزم
Eccitazione	الإثارة
Esaurimento	نزف
Lingua	لغة
Nuovo	الجديد
Per Imparare	ليتعلم
Pericoli	المخاطر
Sconosciuto	غير معروف
Scoperta	اكتشاف
Selvaggio	بري
Spazio	فضاء
Terreno	التضاريس
Viaggio	السفر

Estate
الصيف

Amici	اصحاب
Campeggio	تخييم
Cibo	طعام
Famiglia	أسرة
Giardino	حديقة
Giochi	ألعاب
Gioia	مرح
Immersione	الغوص
Libri	الكتب
Mare	بحر
Musica	موسيقى
Nuotare	للسباحة
Ricordi	ذكريات
Rilassamento	استرخاء
Sandali	صنادل
Spiaggia	شاطئ
Stelle	النجوم
Tempo Libero	الترفيه
Vacanza	عطلة
Viaggio	السفر

Famiglia
عائلة

Antenato	سلف
Bambini	الأطفال
Bambino	طفل
Cugino	ابن عم
Figlia	ابنة
Fratello	شقيق
Infanzia	مرحلة الطفولة
Madre	أم
Marito	الزوج
Materno	الأم
Moglie	زوجة
Nipote	ابن أخ
Nipote	حفيد
Nonna	جدة
Nonno	جد
Padre	أب
Paterno	الأب
Sorella	أخت
Zia	عمة
Zio	العم

Fantascienza

الخيال العلمي

Atomico	ذري
Cinema	سينما
Cloni	استنساخ
Esplosione	انفجار
Estremo	متطرف
Fantastico	رائع
Fuoco	نار
Futuristico	مستقبلية
Illusione	وهم
Immaginario	وهمي
Libri	الكتب
Misterioso	غامض
Mondo	العالمية
Oracolo	وحي
Pianeta	كوكب
Realistico	واقعي
Robot	الروبوتات
Scenario	السيناريو
Tecnologia	تقنية
Utopia	يوتوبيا

Fattoria #1

مزرعة #1

Acqua	ماء
Agricoltura	زراعة
Ape	نحلة
Asino	حمار
Campo	حقل
Cane	كلب
Capra	ماعز
Cavallo	حصان
Fertilizzante	سماد
Fieno	تبن
Gatto	قط
Gregge	قطيع
Maiale	خنزير
Miele	عسل
Mucca	بقرة
Pollo	دجاج
Recinto	سياج
Riso	أرز
Semi	بذور
Vitello	عجل

Fattoria #2

مزرعة #2

Agricoltore	مزارع
Anatra	بطة
Animali	الحيوانات
Cibo	طعام
Fienile	حظيرة
Frutta	فاكهة
Frutteto	بستان
Grano	قمح
Irrigazione	الري
Lama	لهب
Latte	حليب
Mais	حبوب ذرة
Maturo	ناضج
Oche	أوز
Orzo	شعير
Pastore	الراعي
Pecora	خروف
Prato	مرج
Trattore	جرار
Verdura	الخضروات

Fiori

زهور

Gardenia	جاردينيا
Gelsomino	ياسمين
Giglio	زنبق
Girasole	عباد الشمس
Ibisco	الكركديه
Lavanda	خزامى
Lilla	أرجواني
Magnolia	ماغنوليا
Margherita	ديزي
Mazzo	باقة أزهار
Narciso	النرجس البري
Orchidea	السحلب
Papavero	الخشخاش
Passiflora	زهرة العاطفة
Peonia	الفاوانيا
Petalo	البتلة
Plumeria	بلوميريا
Rosa	وردة
Trifoglio	نفل
Tulipano	توليب

Foresta Pluviale

الغابات المطيرة

Anfibi	البرمائيات
Botanico	نباتي
Clima	مناخ
Comunità	ملة
Diversità	تنوع
Giungla	الغابة
Indigeno	أصلي
Insetti	الحشرات
Mammiferi	الثدييات
Muschio	طحلب
Natura	طبيعة
Nuvole	سحاب
Preservazione	حفظ
Prezioso	ذو قيمة
Restauro	استعادة
Rifugio	ملجأ
Rispetto	احترام
Sopravvivenza	نجاة
Specie	الأنواع
Uccelli	الطيور

Forme

الأشكال

Angolo	ركن
Arco	قوس
Bordi	حواف
Cerchio	دائرة
Cilindro	اسطوانة
Cono	مخروط
Cubo	مكعب
Curva	منحنى
Iperbole	القطع الزائد
Lato	الجانب
Linea	خط
Ovale	البيضاوي
Piramide	هرم
Poligono	مضلع
Prisma	موشور
Quadrato	مربع
Rettangolo	مستطيل
Rotondo	مستدير
Triangolo	مثلث

Forniture Artistiche
لوازم الفن

Acqua	ماء
Acquerelli	ألوان مائية
Acrilico	أكريليك
Argilla	طين
Carbone	فحم
Carta	ورق
Cavalletto	الحامل
Colla	صمغ
Colori	الألوان
Creatività	إبداع
Gomma	ممحاة
Idee	الأفكار
Inchiostro	حبر
Matite	أقلام الرصاص
Olio	نفط
Pastelli	الباستيل
Sedia	كرسي
Spazzole	فرش
Tavolo	طاولة
Telecamera	كاميرا

Frutta
فاكهة

Albicocca	مشمش
Ananas	أناناس
Arancia	برتقالي
Avocado	أفوكادو
Bacca	بيري
Banana	موز
Ciliegia	كرز
Fico	تين
Kiwi	كيوي
Lampone	توت العليق
Limone	ليمون
Mango	مانجو
Mela	تفاح
Melone	شمام
Mora	بلاك بيري
Papaia	بابايا
Pera	كمثرى
Pesca	خوخ
Prugna	برقوق
Uva	عنب

Gatti
القطط

Affettuoso	حنون
Cacciatore	صياد
Coda	ذيل
Curioso	فضولي
Divertente	مضحك
Dormire	نوم
Filo	غزل
Giocoso	لعوب
Indipendente	مستقل
Pazzo	مجنون
Pelliccia	فرو
Personalità	شخصية
Poco	قليلا
Selvaggio	بري
Timido	خجول
Topo	فأر
Veloce	بسرعة
Zampa	مخلب

Gentilezza
اللطف

Affettuoso	حنون
Affidabile	موثوق بها
Amichevole	ودي
Amorevole	محب
Attento	منتبه
Compassionevole	رحيم
Comprensione	فهم
Dolce	لطيف
Felice	سعيد
Generoso	كريم
Genuino	أصلي
Onesto	صادق
Ospitale	مضياف
Paziente	صبور
Ricettivo	تقبل ال
Rispettoso	محترم
Tollerante	متسامح
Utile	مفيد

Geografia
الجغرافيا

Altitudine	ارتفاع
Atlante	أطلس
Città	مدينة
Continente	قارة
Equatore	خط الاستواء
Fiume	نهر
Isola	جزيرة
Latitudine	خط العرض
Longitudine	خط الطول
Mappa	خريطة
Mare	بحر
Meridiano	ميريديان
Mondo	العالمية
Montagna	جبل
Nord	شمال
Oceano	محيط
Ovest	غرب
Paese	بلد
Regione	منطقة
Sud	جنوب

Geologia
جيولوجيا

Acido	حمض
Altopiano	هضبة
Calcio	الكلسيوم
Caverna	كهف
Continente	قارة
Corallo	المرجان
Cristalli	بلورات
Erosione	تآكل
Fossile	حفرية
Geyser	سخان
Lava	الحمم
Minerali	المعادن
Pietra	حجر
Quarzo	مرو
Sale	ملح
Stalagmiti	الصواعد
Strato	طبقة
Terremoto	زلزال
Vulcano	بركان
Zona	منطقة

Giardino
حديقة

Albero	شجرة
Amaca	أرجوحة
Cespuglio	بوش
Erba	عشب
Erbacce	الأعشاب
Fiore	زهرة
Frutteto	بستان
Garage	كاراج
Giardino	حديقة
Pala	مجرفة
Panca	مقعد
Portico	رواق
Rastrello	أشعل النار
Recinto	سياج
Stagno	بركة
Suolo	تربة
Terrazza	مصطبة
Trampolino	الترامبولين
Tubo	خرطوم
Vite	كرمة

Giocattoli
ألعاب

Aereo	طائرة
Aquilone	طائرة ورقية
Argilla	طين
Artigianato	الحرف
Auto	سيارة
Bambola	دمية
Barca	قارب
Batteria	الطبول
Bicicletta	دراجة
Camion	شاحنة
Giochi	ألعاب
Immaginazione	خيال
Libri	الكتب
Palla	كرة
Preferito	مفضل
Puzzle	لغز
Robot	روبوت
Scacchi	شطرنج
Treno	قطار
Vernici	الدهانات

Giorni e Mesi
الأيام والأشهر

Agosto	أغسطس
Anno	سنة
Aprile	أبريل
Calendario	تقويم
Dicembre	ديسمبر
Domenica	الأحد
Febbraio	فبراير
Gennaio	يناير
Giugno	يونيو
Luglio	يوليو
Lunedì	الاثنين
Martedì	الثلاثاء
Mercoledì	الأربعاء
Mese	شهر
Novembre	نوفمبر
Ottobre	أكتوبر
Sabato	السبت
Settembre	سبتمبر
Settimana	أسبوع
Venerdì	الجمعة

Guida
القيادة

Auto	سيارة
Autobus	حافلة
Carburante	وقود
Freni	فرامل
Garage	كاراج
Gas	غاز
Incidente	حادث
Licenza	رخصة
Mappa	خريطة
Moto	دراجة نارية
Motore	محرك
Pedonale	المشاة
Pericolo	خطر
Polizia	شرطة
Sicurezza	أمن
Strada	طريق
Traffico	حركة المرور
Trasporto	النقل
Tunnel	نفق
Velocità	سرعة

Imbarcazioni
القوارب

Albero	سارية
Ancora	مرساة
Barca a Vela	مركب شراعي
Boa	عوامة
Canoa	الزورق
Corda	حبل
Equipaggio	طاقم
Fiume	نهر
Kayak	كاياك
Lago	بحيرة
Mare	بحر
Marea	المد
Marinaio	بحار
Motore	محرك
Nautico	بحري
Oceano	محيط
Onde	أمواج
Traghetto	العبارة
Yacht	يخت
Zattera	طوف

Insetti
الحشرات

Afide	المن
Ape	نحلة
Calabrone	الدبور
Cavalletta	جندب
Cicala	الزيز
Coccinella	الخنفساء
Coleottero	خنفساء
Falena	عثة
Farfalla	فراشة
Formica	نملة
Larva	يرقة
Libellula	اليعسوب
Locusta	جرادة
Mantide	فرس النبي
Pulce	برغوث
Scarafaggio	صرصور
Termite	أرضة
Verme	دودة
Vespa	دبور
Zanzara	البعوض

Letteratura
الأدب

Analisi	تحليل
Analogia	القياس
Aneddoto	حكاية
Autore	مؤلف
Conclusione	استنتاج
Confronto	مقارنة
Critica	نقد
Descrizione	وصف
Dialogo	حوار
Genere	النوع
Metafora	استعارة
Opinione	رأي
Poesia	قصيدة
Poetico	شاعري
Rima	قافية
Ritmo	إيقاع
Romanzo	رواية
Stile	نمط
Tema	موضوع
Tragedia	مأساة

Libri
كتب

Autore	مؤلف
Avventura	مغامرة
Collezione	مجموعة
Contesto	سياق الكلام
Dualità	الازدواجية
Epico	ملحمة
Inventivo	مبدع
Letterario	أدبي
Lettore	قارئ
Narratore	الراوي
Pagina	صفحة
Poesia	قصيدة
Rilevante	ذات الصلة
Romanzo	رواية
Scritto	مكتوب
Serie	سلسلة
Storia	قصة
Storico	تاريخي
Tragico	مأساوي
Umoristico	روح الدعابة

Mammiferi
الثدييات

Balena	حوت
Cane	كلب
Canguro	كنغر
Castoro	سمور
Cavallo	حصان
Coniglio	أرنب
Coyote	ذئب البراري
Delfino	دولفين
Elefante	الفيل
Gatto	قط
Giraffa	زرافة
Gorilla	غوريلا
Leone	أسد
Lupo	ذئب
Orso	يتحمل
Pecora	خروف
Scimmia	قرد
Toro	ثور
Volpe	فوكس
Zebra	حمار وحشي

Matematica
الرياضيات

Angoli	زوايا
Aritmetica	حساب
Decimale	عشري
Diametro	قطر
Equazione	معادلة
Esponente	أس
Frazione	جزء
Geometria	هندسة
Gradi	درجات
Numeri	الأرقام
Parallelo	موازٍ
Perimetro	محيط
Perpendicolare	عمودي
Poligono	مضلع
Quadrato	مربع
Rettangolo	مستطيل
Simmetria	تناظر
Somma	مجموع
Triangolo	مثلث
Volume	الصوت

Meditazione
التأمل

Accettazione	قبول
Attenzione	انتباه
Calma	هدوء
Chiarezza	وضوح
Compassione	عطف
Emozioni	العواطف
Gentilezza	اللطف
Gratitudine	شكر
Mentale	عقلي
Mente	عقل
Movimento	حركة
Musica	موسيقى
Natura	طبيعة
Osservazione	المراقبة
Pace	سلام
Pensieri	أفكار
Postura	الموقف
Prospettiva	المنظور
Respirazione	التنفس
Silenzio	الصمت

Meteo
الطقس

Arcobaleno	قوس قزح
Asciutto	جاف
Atmosfera	الغلاف الجوي
Brezza	نسيم
Calma	هدوء
Cielo	سماء
Clima	مناخ
Fulmine	برق
Ghiaccio	جليد
Nebbia	الضباب
Nube	سحابة
Polare	قطبي
Siccità	جفاف
Temperatura	درجة الحرارة
Tempesta	عاصفة
Tornado	إعصار
Tropicale	استوائي
Tuono	الرعد
Umido	رطب
Vento	ريح

Misurazioni
القياسات

Altezza	ارتفاع
Byte	بايت
Centimetro	سنتيمتر
Chilogrammo	كيلوغرام
Chilometro	كيلومتر
Decimale	عشري
Grado	درجة
Grammo	غرام
Larghezza	عرض
Litro	لتر
Lunghezza	الطول
Metro	متر
Minuto	دقيقة
Oncia	أوقية
Peso	وزن
Pinta	نصف لتر
Pollice	بوصة
Profondità	عمق
Tonnellata	طن
Volume	الصوت

Mitologia
الميثولوجيا

Comportamento	سلوك
Creatura	مخلوق
Creazione	خلق
Credenze	المعتقدات
Cultura	ثقافة
Disastro	كارثة
Divinità	الآلهة
Eroe	بطل
Forza	قوة
Fulmine	برق
Gelosia	الغيرة
Guerriero	محارب
Immortalità	خلود
Labirinto	متاهة
Leggenda	أسطورة
Magico	سحري
Mortale	مميت
Mostro	مسخ
Tuono	رعد
Vendetta	انتقام

Natura
الطبيعة

Animali	الحيوانات
Api	النحل
Artico	القطب الشمالي
Bellezza	جمال
Deserto	صحراء
Dinamico	متحرك
Erosione	تآكل
Fiume	نهر
Fogliame	أوراق الشجر
Foresta	غابة
Ghiacciaio	مثلجة
Montagne	الجبال
Nebbia	ضباب
Nuvole	سحاب
Rifugio	مأوى
Santuario	ملاذ
Selvaggio	بري
Sereno	هادئ
Tropicale	استوائي
Vitale	حيوي

Numeri
أرقام

Cinque	خمسة
Decimale	عشري
Diciannove	تسعة عشر
Diciassette	سبعة عشر
Diciotto	ثمانية عشر
Dieci	عشرة
Dodici	اثنا عشر
Due	اثنان
Nove	تسعة
Otto	ثمانية
Quattordici	أربعة عشر
Quattro	أربعة
Quindici	خمسة عشر
Sedici	ستة عشر
Sei	ستة
Sette	سبعة
Tre	ثلاثة
Tredici	ثلاثة عشر
Venti	عشرون
Zero	صفر

Nutrizione
التغذية

Amaro	مر
Appetito	شهية
Bilanciato	متوازن
Carboidrati	الكربوهيدرات
Commestibile	صالح للأكل
Dieta	حمية
Digestione	هضم
Fermentazione	تخمير
Gusto	نكهة
Liquidi	سوائل
Nutriente	المغذي
Peso	وزن
Proteine	البروتينات
Qualità	جودة
Salsa	صلصة
Salute	الصحة
Sano	صحي
Spezie	توابل
Tossina	سم
Vitamina	فيتامين

Oceano
محيط

Alghe	الطحالب
Anguilla	ثعبان
Balena	حوت
Barca	قارب
Corallo	المرجان
Delfino	دولفين
Gamberetto	جمبري
Granchio	سرطان
Maree	المد والجزر
Medusa	قنديل البحر
Onde	أمواج
Ostrica	محار
Pesce	سمك
Polpo	أخطبوط
Sale	ملح
Spugna	إسفنج
Squalo	قرش
Tartaruga	سلحفاة
Tempesta	عاصفة
Tonno	تونة

Paesaggi
المناظر الطبيعية

Cascata	شلال
Collina	تل
Deserto	صحراء
Fiume	نهر
Geyser	سخان
Ghiacciaio	مثلجة
Grotta	كهف
Iceberg	جبل جليد
Isola	جزيرة
Lago	بحيرة
Mare	بحر
Montagna	جبل
Oasi	واحة
Oceano	محيط
Palude	مستنقع
Penisola	شبه جزيرة
Spiaggia	شاطئ
Tundra	تندرا
Valle	وادي
Vulcano	بركان

Paesi #2
البلدان #2

Albania	ألبانيا
Danimarca	الدنمارك
Etiopia	أثيوبيا
Giamaica	جامايكا
Giappone	اليابان
Grecia	اليونان
Haiti	هايتي
Indonesia	إندونيسيا
Irlanda	أيرلندا
Laos	لاوس
Liberia	ليبيريا
Messico	المكسيك
Nepal	نيبال
Nigeria	نيجيريا
Pakistan	باكستان
Russia	روسيا
Siria	سوريا
Sudan	السودان
Ucraina	أوكرانيا
Uganda	أوغندا

Pesca
صيد الأسماك

Acqua	ماء
Attrezzatura	معدات
Barca	قارب
Branchie	خياشيم
Cesto	سلة
Esagerazione	مبالغة
Esca	طعم
Filo	سلك
Fiume	نهر
Gancio	خطاف
Lago	بحيرة
Mascella	فك
Oceano	محيط
Pazienza	صبر
Peso	وزن
Pinne	زعانف
Spiaggia	شاطئ
Stagione	الموسم

Piante
النباتات

Albero	شجرة
Bacca	بيري
Bambù	بامبو
Botanica	علم النبات
Cactus	صبار
Cespuglio	بوش
Crescere	تنمو
Edera	لبلاب
Erba	عشب
Fagiolo	فاصوليا
Fertilizzante	سماد
Fiore	زهرة
Flora	النباتية
Fogliame	أوراق الشجر
Foresta	غابة
Giardino	حديقة
Muschio	طحلب
Petalo	البتلة
Radice	جذر
Vegetazione	نبت

Pirati
قراصنة

Ancora	مرساة
Avventura	مغامرة
Bandiera	علم
Bussola	بوصلة
Capitano	كابتن
Cattivo	سيء
Cicatrice	ندبة
Equipaggio	طاقم
Grotta	كهف
Isola	جزيرة
Leggenda	أسطورة
Mappa	خريطة
Monete	عملات معدنية
Oro	ذهب
Pappagallo	ببغاء
Pericolo	خطر
Rum	رم
Spada	سيف
Spiaggia	شاطئ
Tesoro	كنز

Professioni #1
المهن #1

Allenatore	مدرب
Ambasciatore	سفير
Artista	فنان
Astronomo	فلكي
Avvocato	محامي
Ballerino	راقصة
Banchiere	مصرفي
Cacciatore	صياد
Cartografo	رسام خرائط
Editore	محرر
Farmacista	صيدلي
Geologo	جيولوجي
Gioielliere	صائغ
Idraulico	سباك
Infermiera	ممرض
Marinaio	بحار
Pianista	عازف البيانو
Psicologo	علم النفس
Scienziato	عالم
Veterinario	طبيب بيطري

Professioni #2
المهن #2

Agricoltore	مزارع
Astronauta	رائد فضاء
Bibliotecario	أمين المكتبة
Biologo	أحيائي
Chirurgo	جراح
Dentista	طبيب أسنان
Filosofo	فيلسوف
Giardiniere	بستاني
Giornalista	صحفي
Illustratore	المصور
Ingegnere	مهندس
Insegnante	مدرس
Inventore	مخترع
Investigatore	محقق
Linguista	لغوي
Medico	طبيب
Pilota	طيار
Pittore	رسام
Ricercatore	باحث
Zoologo	عالم الحيوان

Riempire
للتعبئة

Bacino	حوض
Barile	برميل
Borsa	كيس
Bottiglia	زجاجة
Busta	مغلف
Cartella	مجلد
Cartone	كرتون
Cassa	قفص
Cassetto	الدرج
Cesto	سلة
Nave	وعاء
Pacchetto	حزمة
Scatola	علبة
Secchio	دلو
Tasca	جيب
Tubo	أنبوب
Valigia	حقيبة سفر
Vaso	زهرية
Vassoio	صينية

Ristorante #1
مطعم #1

Allergia	حساسية
Caffè	قهوة
Cameriera	نادلة
Carne	لحم
Cassiere	صراف
Cibo	طعام
Ciotola	وعاء
Coltello	سكين
Cucina	مطبخ
Dessert	حلوى
Ingredienti	مكونات
Mangiare	لتناول الطعام
Menù	قائمة
Pane	خبز
Piatto	طبق
Piccante	حار
Pollo	دجاج
Prenotazione	حجز
Salsa	صلصة
Tovagliolo	منديل

Ristorante #2
مطعم رقم 2

Acqua	ماء
Bevanda	مشروب
Cameriere	النادل
Cena	عشاء
Cucchiaio	ملعقة
Delizioso	لذيذ
Forchetta	شوكة
Frutta	فاكهة
Ghiaccio	جليد
Insalata	سلطة
Minestra	حساء
Pesce	سمك
Pranzo	غداء
Sale	ملح
Sedia	كرسي
Spezie	توابل
Torta	كيك
Uova	بيض
Verdure	خضروات

Scacchi
شطرنج

Avversario	الخصم
Bianco	أبيض
Campione	بطل
Concorso	منافسة
Diagonale	قطري
Giocatore	لاعب
Gioco	لعبة
Intelligente	ذكي
Nero	أسود
Passivo	مبني للمجهول
Per Imparare	ليتعلم
Punti	النقاط
Re	ملك
Regina	ملكة
Regole	قواعد
Sacrificio	تضحية
Sfide	التحديات
Strategia	إستراتيجية
Tempo	الوقت
Torneo	مسابقة

Scienza
العلوم

Atomo	ذرة
Clima	مناخ
Dati	البيانات
Esperimento	تجربة
Evoluzione	تطور
Fatto	حقيقة
Fisica	الفيزياء
Fossile	حفرية
Gravità	جاذبية
Ipotesi	فرضية
Laboratorio	مختبر
Metodo	طريقة
Minerali	المعادن
Molecole	جزيئات
Natura	طبيعة
Osservazione	المراقبة
Particelle	الجسيمات
Piante	نباتات
Scienziato	عالم

Scuola #1
المدرسة #1

Alfabeto	الأبجدية
Amici	اصحاب
Aula	صف
Biblioteca	مكتبة
Carta	ورق
Cartelle	المجلدات
Divertimento	مرح
Esami	الامتحانات
Insegnante	مدرس
Libri	الكتب
Marcatori	علامات
Matematica	الرياضيات
Matita	قلم
Numeri	الأرقام
Penne	أقلام
Pranzo	غداء
Quiz	لغز
Risposte	الأجوبة
Scrivania	مكتب
Sedia	كرسي

Scuola #2
المدرسة #2

Accademico	أكاديمي
Autobus	حافلة
Biblioteca	مكتبة
Calendario	تقويم
Carta	ورق
Computer	الحاسوب
Dizionario	قاموس
Educazione	تعليم
Forbici	مقص
Giochi	ألعاب
Grammatica	قواعد
Insegnante	مدرس
Letteratura	أدب
Lettura	قراءة
Libri	الكتب
Matematica	الرياضيات
Matita	قلم
Scarpe	أحذية
Scienza	علم
Zaino	حقيبة ظهر

Spezie
التوابل

Aglio	ثوم
Amaro	مر
Anice	اليانسون
Cannella	قرفة
Cardamomo	حب الهال
Cipolla	بصل
Coriandolo	كزبرة
Cumino	كمون
Curcuma	كركم
Curry	كاري
Dolce	حلو
Finocchio	الشمرة
Liquirizia	عرق السوس
Noce Moscata	جوزة الطيب
Paprika	فلفل أحمر
Pepe	فلفل
Sale	ملح
Vaniglia	فانيلا
Zafferano	زعفران
Zenzero	زنجبيل

Spiaggia
شاطئ بحر

Asciugamano	منشفة
Barca	قارب
Barca a Vela	مركب شراعي
Blu	أزرق
Costa	ساحل
Dock	رصيف
Granchio	سرطان
Isola	جزيرة
Laguna	لاجون
Mare	بحر
Nuotare	للسباحة
Oceano	محيط
Ombrello	مظلة
Sabbia	رمل
Sandali	صنادل
Sole	شمس
Vacanza	عطلة

Sport
الرياضة

Allenatore	مدرب
Arbitro	حكم
Atleta	رياضي
Baseball	بيسبول
Basket	كرة السلة
Bicicletta	دراجة
Campionato	بطولة
Ginnastica	رياضة بدنية
Giocatore	لاعب
Gioco	لعبة
Golf	جولف
Hockey	هوكي
Movimento	حركة
Nuotare	للسباحة
Squadra	فريق
Stadio	ملعب
Tennis	تنس
Vincitore	الفائز

Strumenti Musicali
آلات موسيقية

Armonica	هارمونيكا
Arpa	جنك
Banjo	البانجو
Chitarra	قيثارة
Clarinetto	مزمار
Fagotto	باسون
Flauto	ناي
Gong	ناقوس
Mandolino	مندولين
Marimba	ماريمبا
Oboe	المزمار
Percussione	قرع
Pianoforte	بيانو
Sassofono	ساكسفون
Tamburello	دف صغير
Tamburo	طبل
Tromba	بوق
Trombone	الترومبون
Violino	كمان
Violoncello	التشيلو

Surf
ركوب الأمواج

Atleta	رياضي
Campione	بطل
Divertimento	مرح
Estremo	متطرف
Folla	الحشود
Forza	قوة
Meteo	طقس
Nuotare	للسباحة
Oceano	محيط
Onda	موجة
Pagaia	مجداف
Popolare	شعبي
Principiante	مبتدئ
Schiuma	رغوة
Spiaggia	شاطئ
Spray	رش
Stile	نمط
Stomaco	المعدة
Velocità	سرعة

Tecnologia
تقنية

Blog	مدونة
Browser	المتصفح
Byte	بايت
Computer	الحاسوب
Cursore	المؤشر
Dati	البيانات
Digitale	رقمي
File	ملف
Font	خط
Internet	إنترنت
Messaggio	رسالة
Ricerca	بحث
Schermo	شاشة
Sicurezza	أمن
Software	برمجيات
Statistiche	الإحصاء
Telecamera	كاميرا
Virtuale	افتراضية
Virus	فيروس

Tempo
الوقت

Anno	سنة
Annuale	سنوي
Calendario	تقويم
Decennio	العقد
Dopo	بعد
Futuro	مستقبل
Giorno	يوم
Ieri	أمس
Mattina	صباح
Mese	شهر
Mezzogiorno	وقت الظهيرة
Minuto	دقيقة
Momento	لحظة
Notte	الليل
Oggi	اليوم
Ora	ساعة
Presto	قريبا
Prima	قبل
Secolo	قرن
Settimana	أسبوع

Tipi di Capelli
أنواع الشعر

Argento	فضة
Asciutto	جاف
Bianco	أبيض
Biondo	أشقر
Breve	قصيرة
Calvo	أصلع
Colorato	ملون
Grigio	رمادي
Intrecciato	مضفر
Lungo	طويل
Marrone	بني
Morbido	ناعم
Nero	أسود
Ondulato	متموج
Riccio	مجعد
Riccioli	تجعيد الشعر
Sano	صحي
Sottile	رقيق
Spessore	سميك
Trecce	الضفائر

Uccelli
الطيور

Airone	هيرون
Anatra	بطة
Aquila	نسر
Cicogna	اللقلق
Cigno	بجعة
Cuculo	الوقواق
Falco	هوك
Fenicottero	نحام
Gabbiano	نورس
Oca	إوز
Pappagallo	ببغاء
Passero	عصفور
Pavone	الطاووس
Pellicano	البجع
Piccione	حمامة
Pinguino	البطريق
Pollo	دجاج
Struzzo	نعامة
Tucano	طوقان
Uovo	بيضة

Vacanze #2
عطلة #2

Aeroporto	مطار
Campeggio	تخييم
Destinazione	وجهة
Foto	الصور
Hotel	فندق
Isola	جزيرة
Mappa	خريطة
Mare	بحر
Passaporto	جواز سفر
Ristorante	مطعم
Spiaggia	شاطئ
Straniero	أجنبي
Taxi	تاكسي
Tempo Libero	الترفيه
Tenda	خيمة
Trasporto	النقل
Treno	قطار
Vacanza	عطلة
Viaggio	رحلة
Visto	تأشيرة

Veicoli
المركبات

Aereo	طائرة
Ambulanza	سيارة إسعاف
Auto	سيارة
Autobus	حافلة
Barca	قارب
Bicicletta	دراجة
Camion	شاحنة
Caravan	قافلة
Elicottero	هليكوبتر
Metropolitana	مترو
Motore	محرك
Pneumatici	الإطارات
Razzo	صاروخ
Scooter	سكوتر
Sottomarino	غواصة
Taxi	تاكسي
Traghetto	العبارة
Trattore	جرار
Treno	قطار
Zattera	طوف

Verdure
خضروات

Italiano	عربي
Aglio	ثوم
Broccolo	بروكلي
Carciofo	خرشوف
Carota	جزر
Cetriolo	خيار
Cipolla	بصل
Fungo	فطر
Insalata	سلطة
Melanzana	باذنجان
Patata	البطاطس
Pisello	بازلاء
Pomodoro	طماطم
Prezzemolo	بقدونس
Rapa	لفت
Ravanello	فجل
Scalogno	الكراث
Sedano	كرفس
Spinaci	سبانخ
Zenzero	زنجبيل
Zucca	يقطين

Vestiti
ملابس

Italiano	عربي
Abito	فستان
Braccialetto	سوار
Camicetta	بلوزة
Camicia	قميص
Cappello	قبعة
Cappotto	معطف
Cintura	حزام
Collana	قلادة
Giacca	السترة
Gonna	تنورة
Grembiule	مئزر
Guanti	قفازات
Jeans	جينز
Maglione	سترة
Moda	موضة
Pantaloni	سروال
Pigiama	لباس نوم
Sandali	صندل
Scarpa	حذاء
Sciarpa	وشاح

Virtù #1
الفضائل #1

Italiano	عربي
Affascinante	ساحر
Affidabile	موثوق بها
Appassionato	عاطفي
Artistico	فني
Buono	حسن
Curioso	فضولي
Decisivo	حاسم
Divertente	مضحك
Efficiente	فعالة
Generoso	كريم
Indipendente	مستقل
Intelligente	ذكي
Modesto	متواضع
Paziente	صبور
Pratico	عملي
Pulito	نظيف
Saggio	حكيم
Utile	مفيد

Congratulazioni

Ce l'hai fatta!

Speriamo che questo libro vi sia piaciuto tanto quanto a noi è piaciuto concepirlo. Ci sforziamo di creare libri della più alta qualità possibile.
Questa edizione è progettata per fornire un apprendimento intelligente, di qualità e divertente!

Le è piaciuto questo libro?

Una Semplice Richiesta

Questi libri esistono grazie alle recensioni che pubblicate.

Puoi aiutarci lasciando una recensione
ora a questo link ?

BestBooksActivity.com/Recensioni50

SFIDA FINALE!

Sfida n°1

Sei pronto per il tuo gioco gratuito? Li usiamo sempre, ma non sono così facili da trovare - ecco i **Sinonimi!**
Scrivi 5 parole che hai trovato nei puzzle (n° 21, n° 36, n° 76) e prova a trovare 2 sinonimi per ogni parola.

Scrivi 5 parole del *Puzzle 21*

Parole	Sinonimo 1	Sinonimo 2

Scrivi 5 parole del *Puzzle 36*

Parole	Sinonimo 1	Sinonimo 2

Scrivi 5 parole del *Puzzle 76*

Parole	Sinonimo 1	Sinonimo 2

Sfida n°2

Ora che ti sei riscaldato, scrivi 5 parole che hai trovato nei puzzle n° 9, n° 17 e n° 25 e cerca di trovare 2 contrari per ogni parola. Quanti ne puoi trovare in 20 minuti?

Scrivi 5 parole del **Puzzle 9**

Parole	Antonimo 1	Antonimo 2

Scrivi 5 parole del **Puzzle 17**

Parole	Antonimo 1	Antonimo 2

Scrivi 5 parole del **Puzzle 25**

Parole	Antonimo 1	Antonimo 2

Sfida n°3

Grande! Questa sfida   non è niente per te!

Pronto per la sfida finale? Scegli 10 parole che hai scoperto nei diversi puzzle e scrivile qui sotto.

1.	6.
2.	7.
3.	8.
4.	9.
5.	10.

Ora scrivi un testo pensando a una persona, un animale o un luogo che ti piace.

Puoi usare l'ultima pagina di questo libro come bozza.

La tua composizione:

TACCUINO:

A PRESTO!

Tutta la Squadra

BESTACTIVITYBOOKS.COM/FREEGAMES